Miriam Müller

Referate mit Stil

AF198639

Miriam Müller, Jahrgang 1989, entschied sich nach der Wahl des falschen Ausbildungsberufes und dem anschließenden Abitur für die Selbstständigkeit. Sie unterstützt seit 2011 auf ihrem YouTube-Kanal *schoolseasy* Schüler dabei, den Schulalltag zu meistern.

Über die Qualität und Einfallslosigkeit ihrer vortragenden Klassenkameraden hat sie sich bereits als Schülerin geärgert. Mit diesem Buch möchte sie allen Schülern einen Leitfaden an die Hand geben, der ihnen gelungene Referate ermöglicht.

Miriam Müller

Referate mit Stil

Von der Themenfindung bis zur Bewertung

Bibliografische Information der Deutschen Nationalbibliothek:
Die Deutsche Nationalbibliothek verzeichnet diese Publikation
in der Deutschen Nationalbibliografie; detaillierte bibliografische
Daten sind im Internet über http://dnb.dnb.de abrufbar.

ISBN: 978-3-746068800
Auch als eBook erhältlich.

Umschlaggestaltung: Miriam Müller
Korrektur: Dr. Ulrike Bremer
Herstellung und Verlag: BoD – Books on Demand, Norderstedt

www.schoolseasy.de

Man sollte einen schlechten Vortrag augenblick-
lich so zurückweisen können wie einen Wein,
der nach Korken schmeckt.

Christian Meier (*1929), deutscher Historiker

Inhalt

Vorwort

Du hast dir also ein Buch besorgt, das dir helfen soll, Referate vorzubereiten und zu halten. Find' ich super! Das bedeutet nämlich, dass du das gut machen willst, und das ist vorbildlich. Vorweg aber drei Kleinigkeiten. Dieses Buch bietet dir eine Hilfestellung. Es ist dennoch wichtig, dass du deinen Lehrer fragst, ob er bestimmte Wünsche hat. Nicht, dass du am Ende eine schlechte Note bekommst, weil du die Vorgaben deines Lehrers nicht eingehalten hast. Das gilt besonders für die konkreten Referatsvorschläge, die du im zweiten Teil dieses Buches findest. Nicht jeder Lehrer möchte, dass man kreative Referate hält. Frag darum sicherheitshalber nach, ob du das darfst.

Wie du jetzt vielleicht bemerkt hast, spreche ich im oberen Absatz immer von einem Lehrer. Im gesamten Buch verzichte ich darauf, Lehrerinnen, Schülerinnen und andere weibliche Personen zu erwähnen. Das liegt nicht daran, dass ich diese nicht mag, sondern dient der besseren Lesbarkeit. Wenn also von einem Lehrer die Rede ist, ist sowohl ein Lehrer als auch eine Lehrerin gemeint. Das gilt auch für Schüler und alle anderen Personen, die genannt werden.

Du wirst beim Lesen immer wieder auf **fett markierte Wörter** und Wortkombinationen treffen. Dabei handelt es sich um Themenvorschläge für Referate. Vielleicht hast du Schwierigkeiten ein Thema zu finden, darum versuche ich in diesem Buch möglichst viele verschiedene Themen als Beispiele anzuführen. Im Anhang dieses

Buches werden diese Themen erneut und nach Fach sortiert genannt - falls du mal schnell eine Idee brauchst.

Und nun ran an dein Referat! Ich wünsche dir dabei ganz viel Spaß und natürlich eine gute Note.

Miriam

Wofür sind Referate gut?

Hast du dich schon mal gefragt, wofür du ein Referat brauchen kannst? Sicher ist es ganz nett, wenn du etwas über **Pinguine** weißt. Warum aber solltest du deinen Mitschülern erklären, was du schon weißt? Die könnten das alle doch einfach selbst nachlesen. Im Unterricht ist das im Grunde immer der Fall. Der Lehrer gibt vor, welches Thema behandelt wird und legt dir alles in die Hand, was du wissen musst, um das gesamte Thema zu verstehen. Das ist wahnsinnig praktisch, entspricht aber nicht dem, was in deinem Leben einmal passieren wird. Im Gegenteil. Sobald du nicht mehr zur Schule gehst, musst du alles selbst herausfinden. Was auch immer es ist, was du wissen willst, es wird niemanden geben, der dir einfach alles Wissenswerte vorlegt.

Bei einem Referat in der Schule geht es für dich aber gar nicht so sehr darum, dass du dir Wissen aneignest, sondern darum, dass du es weitergibst. Das wiederum funktioniert nur dann, wenn du weißt, wie du vor und mit deinem Publikum sprichst. Der Inhalt deines Referates ist darum gar nicht so wichtig wie die „Verpackung", also die Art und Weise, wie du dein Thema vorträgst. Und diese Fähigkeiten wirst du in deinem Leben immer wieder brauchen. Zum ersten Mal, wenn du eine mündliche Prüfung haben wirst. Dann wieder, wenn du dich für einen Job bewirbst. Später musst du in jedem Beruf immer wieder anderen Menschen Themen vermitteln. Dabei stehst du nicht jedes Mal vor einer Tafel und hältst vor vielen Kollegen oder Kunden einen Vortrag. Vielleicht ist es einfach bloß ein Azubi, dem du etwas erklären sollst.

Und auch in deinem Privatleben wirst du mehrfach auf Situationen treffen, in denen du deine Wünsche und Vorstellungen an andere herantragen musst. Deinen Ehepartner willst du von deinen Ideen zur Gartenplanung überzeugen, deine Kinder möchten, dass du ihnen etwas erklärst und deine Eltern wollen hören, warum sie dir diese neue Konsole kaufen sollen.

Mit dem Referat in der Schule hat das nicht mehr wirklich etwas zu tun, sehr wohl aber mit den Fähigkeiten, die du dadurch erwirbst. Du lernst, dich mit einem Thema zunächst auseinanderzusetzen, dann das Wichtigste für dich herauszufiltern und dieses Wissen anschließend so zusammenzufügen, dass du es einer dritten Person verständlich erklären kannst. Genau dafür sind Referate gut.

Wann kannst du ein Referat halten?

Referate kannst du in jedem Fach und zu jeder Zeit halten. Du musst bloß mit deinem Lehrer sprechen. Manche Lehrer mögen es nicht so gerne, wenn Schüler häufig Referate halten. Andere wiederum sind froh, wenn sich Schüler auf diese Weise um eine gute Note bemühen.

Wenn du deine Note verbessern willst, frag einfach mal deinen Lehrer, ob du ein Referat halten darfst. Du musst nicht warten, bis der Lehrer dir das vorschlägt. Vielleicht will er nicht, dass du ein Referat hältst, und schlägt dir stattdessen etwas anderes vor. In jedem Fall solltest du aber nachfragen, ob du eines halten darfst. Das kannst du natürlich zu Beginn eines Schuljahres machen, aber auch jederzeit danach. Fragen kostet nichts.

Vorgaben beachten

Bevor du überhaupt mit deinem Referat anfangen kannst, musst du herausfinden, was darin unbedingt vorkommen muss. Frag darum bei deinem Lehrer nach, was er für unverzichtbar hält, noch bevor du dich für ein Thema entscheidest. Möglicherweise sind die Vorgaben so gewählt, dass dabei ohnehin einige Themen wegfallen. Trotzdem ist es wichtig, dass du, sobald du dein Thema gewählt hast, erneut nachfragst, ob der Lehrer nun noch weitere Wünsche für dein Referat hat.

Wenn du die Vorgaben nicht einhalten kannst, weil du dir vielleicht schon tolle Ideen für deinen Vortrag überlegt hast, dann solltest du das deinem Lehrer ebenfalls zuvor sagen. Eventuell weicht er von seinen Vorgaben ab und du kannst dein Referat so halten, wie du es vorhattest. Wenn nicht, dann hast du dir zu diesem Zeitpunkt noch nicht allzu viele Gedanken gemacht und musst darum nicht dein ganzes Referat über den Haufen werfen.

Thema wählen

Neben dem eigentlichen Vortrag des Referates ist die Auswahl des Themas wohl das schwierigste. Wenn dein Lehrer dir ein Thema zuteilt, fällt dieser Punkt für dich natürlich weg. Wenn nicht, hast du vermutlich eine ziemlich freie Wahl, solange dein Thema irgendwie zum Fach passt. Hier ist es für dich am besten, wenn du dir ein Thema suchst, das dich selbst interessiert. Auf diese Weise hast du Lust, dein Wissen darüber zu erweitern, und dadurch fällt dir gleich das gesamte Referat leichter.

Die Themen können dabei sehr vielseitig sein. Vielleicht möchtest du eine **Sportart** vorstellen oder eine **Person**, willst über die **Kultur** deines Heimatlandes sprechen oder ein wichtiges **politisches Ereignis** näher erklären. Wenn dir nichts einfällt, kannst du in deinem Schulbuch blättern und dir anschauen, welche Themen du in diesem Schuljahr noch behandeln wirst. Möglicherweise ist etwas dabei, worüber du ein Referat halten möchtest. Hilft das auch nicht, kannst du deinen Lehrer fragen, ob er einen Tipp für dich hat. Unter Umständen wünscht er sich sogar ein bestimmtes Thema. Du kannst natürlich seinen Vorschlag ablehnen, wenn er dir nicht gefällt.

Sobald du aber eine große Wahlfreiheit hast, hast du häufig auch das Problem, dass du gar nicht weißt, wonach du suchen sollst. Dafür gibt es eine tolle Methode, die dir helfen kann, ein Thema zu finden: die MindMap.

MindMap

Eine MindMap ist die grafische Darstellung deiner Gedanken - daher kommt auch der Name (mind = Gedanke, Verstand; map = Karte, Plan). Dafür musst du nur ein Stichwort in die Mitte eines Blattes schreiben. Wenn sich dein Referat um ein bestimmtes Thema drehen soll, also zum Beispiel eine **Person oder ein Ereignis zwischen 1850 und 1900,** dann schreibe diese Vorgabe als Startangabe auf. Wenn nicht, nimm einfach das Fach. Und nun gibst du dir fünf Minuten - nicht länger - und schreibst alles auf, was dir zum Startbegriff einfällt. Stichworte reichen dabei völlig. Schreibe sie auf das Blatt, am besten kreuz und quer. Denk nicht darüber nach, ob das ein gutes Stichwort ist oder nicht. Schreib es einfach auf.

Nach den fünf Minuten schaust du dir an, was du alles aufgeschrieben hast, und überlegst zu jedem Punkt, was dir dazu einfällt und ob sich das für ein Referat eignet. Wenn du den Eindruck hast, dass der Punkt kein gutes Referat abgibt, streiche ihn weg. Das machst du so lange, bis du ein Thema gefunden hast, das sich als Referat eignet.

Recherchieren

Du hast nun ein Thema gefunden, das heißt, du kannst jetzt richtig loslegen. Bis zum Referat solltest du noch mindestens zwei Wochen Zeit haben, damit du alles gut vorbereiten kannst. Such dir Informationen zu deinem Thema raus. Dabei ist es wichtig, viele verschiedene Informationsquellen zu nutzen. Nutze niemals nur das Internet. Das ist zwar super, um schnell und einfach viele Informationen zu deinem Thema zu erhalten, es birgt aber auch das Risiko, dass diese Infos nicht korrekt sind, weil sie niemand überprüft hat. Diesen Job musst du darum selbst übernehmen, indem du verschiedene Quellen und Medien nutzt. Lies dir immer mehrere Quellen zu einem Thema durch. Wenn du dabei auf Ungereimtheiten stößt, musst du recherchieren, welche Aussagen richtig sind. Den Rest vergisst du am besten ganz schnell wieder.

Bei der Recherche ist es wichtig, dass sie gründlich ist. Am Ende musst du mehr wissen, als du in deinem Referat erzählst. Nimm dir darum Zeit dafür und schreibe am besten auch gleich auf, welche Quellen du nutzt. So findest du sie später viel schneller wieder und kannst dein Quellenverzeichnis leichter erstellen.

Du musst mehr über dein Thema wissen, als du im Referat erzählen wirst.

Wo kannst du recherchieren?

Internet

Bei der Recherche ist es wichtig, dass du gute Erklärungen findest. Das kannst du natürlich über Suchmaschinen im Internet. Hier gibt es eine ganze Menge verschiedener Anbieter, manche davon bieten sogar eine spezielle Suche für Kinder und Jugendliche an. Im Anhang findest du eine kleine Übersicht verschiedener Suchmaschinen.

Wenn du verschiedene Suchmaschinen nutzt, bekommst du manchmal auch verschiedene Ergebnisse. So kannst du auf diese Weise schnell an eine Fülle unterschiedlicher Informationen gelangen.

Außerdem gibt es einige Tricks, wie du deine Suche präzisieren kannst, sodass du wirklich nur das findest, was du suchst. Diese funktionieren allerdings nicht bei jeder Suchmaschine.

Suchst du zum Beispiel nach **Johann Sebastian Bach**, kannst du diesen Namen in der Regel einfach so in ein Suchfeld schreiben und bekommst eine Menge Informationen zum Komponisten. Es kann aber auch passieren, dass der Link zu einer Geschichte auftaucht, in der Johann und Sebastian an einem Bach spielen. Willst du einer Suchmaschine klarmachen, dass du nach einer Wortkombination suchst, dass also bei deiner Suchanfrage wichtig ist, dass die Wörter zusammengehören und in der richtigen Reihenfolge verwendet werden, kannst du diese in Anführungszeichen setzen. *„Johann Sebastian Bach"* liefert dir dann keine Geschichte mehr von zwei Jungen, die an einem Bach spielen, sondern nur Informationen zum Komponisten.

Wenn du schon ein bisschen Bescheid weißt, kannst du auch Begriffe von deiner Suche ausschließen. Suchst du etwas zu **Autismus** und weißt schon vieles über das **Asperger-Syndrom**, kannst du durch ein Minuszeichen dafür sorgen, dass keine Ergebnisse zum Asperger-Syndrom angezeigt werden. Dabei ist es wichtig, dass vor dem Minus ein Leerzeichen steht und nach dem Minus direkt das Wort folgt. *Autismus -Asperger-Syndrom* würde bei einigen Suchmaschinen dafür sorgen, dass dir nur Suchergebnisse angezeigt werden, die zwar Autismus, nicht aber das Asperger-Syndrom beinhalten. Auf diese Weise kannst du Teile eines Themas oder doppeldeutige Begriffe ausschließen.

Es gibt auch die beiden bekannteren Methoden, bei mehreren Wörtern ein *OR* oder *AND* dazwischenzuschreiben, je nachdem, ob du nach allen oder nur nach einzelnen Begriffen suchen möchtest. Wichtig ist, dass du *AND* beziehungsweise *OR* großschreibst. *AND* ist allerdings bei den meisten Suchmaschinen überflüssig, da diese ohnehin nach allem suchen, was du in das Suchfeld eingibst. Statt **Kultur Russland** kannst du also auch *Kultur AND Russland* schreiben und wirst zum größten Teil dieselben Ergebnisse bekommen.

Eben weil das so ist, bietet sich *OR* eher an. Dabei kannst du, ähnlich wie beim Minuszeichen, etwas ausschließen. Dieses Mal sorgt deine Anfrage aber dafür, dass du nur Ergebnisse bekommst, die jeweils einen der genannten Begriffe enthalten und nicht mehrere. *Bundeskanzler OR Bundespräsident* liefert dann zwar Suchergebnisse zu beiden politischen Ämtern, aber die einzelnen Ergebnisse beschäftigen sich entweder mit dem Amt des **Bundeskanzlers** oder dem des **Bundespräsidenten**.

All diese Tricks kannst du selbstverständlich auch kombinieren. *„Roald Amundsen" OR „Robert Scott" -Südpol* würde dir entweder Ergebnisse zu **Roald Amundsen** oder zu **Robert Scott** liefern und das Thema Südpol davon ausschließen.

Bücher und Zeitschriften

Neben dem Internet stellen vor allem Bücher und Zeitschriften eine gute Informationsquelle dar. Hierzu musst du keinesfalls einen Stapel Bücher kaufen oder ein Zeitschriftenabonnement abschließen. Schau dich einfach in einer Bibliothek um. Diese kannst du normalerweise ohne Anmeldung besuchen und vor Ort Bücher und Zeitschriften ansehen. Willst du dir etwas ausleihen, musst du dich in der Regel anmelden. Häufig ist das für Schüler und Studenten kostenlos. So kannst du dir für einen bestimmten Zeitraum alles mit nach Hause nehmen, was du für dein Referat brauchst.

Fernsehbeiträge und Radiosendungen

Auch Beiträge im Radio oder Fernsehen können dir als Informationsquelle dienen. Dabei musst du natürlich auf die Sendezeit achten und rechtzeitig einschalten. Mittlerweile kannst du viele dieser Beiträge aber auch nachträglich über das Internet abrufen.

Sonstiges

Letztlich hast du selbstverständlich auch die Möglichkeit, jemanden zu fragen. Wer weiß besser über **Dinosaurier** Bescheid, als der Paläontologe (Forscher für ausgestorbene Lebewesen), der zufällig auch dein Nachbar ist? Keiner weiß mehr über die **Windenergie** als die Mitarbeiter einer Windkraftanlage. Wenn du Menschen kennst, die sich mit deinem Thema auskennen, traue dich und frage nach. Du wirst sehen, dass die meisten Leute sich sehr darüber freuen, dass du dich für ihr Spezialgebiet interessiert.

Außerdem solltest du immer ein Gesprächsprotokoll anlegen. Das ist eine schriftliche Version von dem, was du gefragt hast und was dein Gegenüber dir erzählt hat. So kann sich jeder die Aussagen dieser Person selbst durchlesen. Es bietet sich darum an, solche Gespräche aufzuzeichnen, um es für dich einfacher zu machen, die Aussagen auszuwerten und sie anderen vorzuführen.

Aber Vorsicht: Für eine solche Gesprächsaufzeichnung brauchst du die Genehmigung aller Personen, die darauf zu sehen oder zu hören sind. Du darfst nicht heimlich aufzeichnen, was sie sagen. Am einfachsten ist es, wenn du sie fragst, ob sie mit der Aufzeichnung einverstanden sind, die Aufnahme dann startest und sie einfach bittest, erneut zuzustimmen, dass du das Gespräch aufzeichnen darfst. So nimmst du die Genehmigung gleich mit auf. Du kannst dir das aber auch schriftlich geben lassen.

Recherchiere nie nur mit einer Medienart.

Quellen

Auch wenn Quellen eigentlich erst ganz am Ende des Referates genannt werden, solltest du dich bereits während deiner Recherche darum kümmern. Notiere dir alles, was du zur Recherche nutzt. So ist es später viel leichter, das Quellenverzeichnis zu erstellen. Hierbei solltest du dir die Quelle gleich korrekt notieren und Websites aus dem Internet in einem Ordner speichern, sodass du auch dann noch darauf zugreifen kannst, wenn der Beitrag von der Website gelöscht wurde.

Notiere dir deine Quellen sofort.

So gibst du Quellen korrekt an

Bei Quellen aus dem Internet musst du immer den gesamten Link der Seite angeben, auf welcher du die Information gefunden hast, sowie das Datum, an welchem du diese abgerufen hast. Außerdem muss zumindest der Name der Website angegeben werden. Wenn du weißt, von wem die Informationen stammen, gib auch diesen Namen an. Auch die Überschrift des Textes solltest du nennen, sofern es eine gibt.

Beispiele

königs-erläuterungen.de, „Die korrekte Quellenangabe". URL: *https://www.koenigs-erlaeuterungen.de/anleitungen/interpretationsanleitung/quellenangabe* *[Stand 03.04.2018]*

Hempel, Tino: „Die wissenschaftliche Arbeit - Zitieren und Quellenangaben". URL: *http://tinohempel.de/info/info/facharbeit/fa_quellen.htm* *[Stand 03.04.2018]*

Hast du ein Buch als Quelle, so musst du alle Autoren (sind es mehr als drei, ist es ausreichend, wenn du drei nennst), den gesamten Titel des Buches, falls vorhanden auch den Herausgeber, die Auflage, den Verlag sowie das Jahr der Veröffentlichung angeben. Nur so kann jeder nachvollziehen, welche Version des Buches du gelesen hast. Gerade bei Sachbüchern werden bei einer neuen Auflage oftmals Änderungen vorgenommen, sodass es sein kann, dass jemand, der eine ältere oder neuere Auflage liest, andere Informationen erhält als du.

Beispiel

Langer, Nicole: „Referate und Vorträge halten. Gezielt vorberei-
ten und überzeugend präsentieren". 1. Auflage, Compact Verlag
München, 2007

Auch bei Zeitschriften sieht die Quelle so ähnlich aus.
Hier gibst du den Namen des Autors und den Titel an, den
Namen der Zeitschrift oder Zeitung, die Heftnummer und
das Erscheinungsjahr sowie die Seitenzahl des Artikels.

Beispiel

Berndorff, Jan: „IQ-Drogen. Doping fürs Gehirn?". In: Wun-
derwelt Wissen, 11 (2017), S. 22-31

Bei Film-, Fernseh- und Radiobeiträgen musst du ebenfalls den Titel nennen und gibst zudem an, von wem der
Beitrag stammt. Das sind in der Regel Regisseure, beim
Radio Redakteure. Und dann ist auch hier wieder das Datum wichtig, an welchem der Beitrag veröffentlicht wurde.

Beispiel

*Weinert, Christoph: „Der **Reichstag**. Geschichte eines deut-*
schen Hauses". NDR 2017

Wenn du viele Informationen durch Gespräche mit
anderen erhalten hast, sind die Quellenangaben nur dann
seriös, wenn du auch den Grund nennen kannst, warum
diese Personen glaubhaft sind. Dazu gehört, dass du den
Bezug zum Thema herstellst, also zum Beispiel angibst,

dass diese Personen beruflich mit deinem Referatsthema zu tun haben.

Beispiel
Mustermann, Max, Leiter des Unternehmens XY, Gespräch vom 01.03.2018, Frankfurt. [Persönliches Gesprächsprotokoll]

Informationen sortieren und auswerten

Du hast nun eine Menge recherchiert und deine Informationsquellen notiert. Jetzt ist es an der Zeit, diese Infos auszuwerten. Vielleicht war da etwas dabei, das dir sehr merkwürdig vorkam. Dann solltest du jetzt nachsehen, warum das so ist, und genauer recherchieren, ob die Quelle überhaupt brauchbar ist. Möglicherweise hast du da einen falschen Artikel gefunden, den du besser nicht verwendest. Auch musst du nun dafür sorgen, dass du all die Infos verstehst und sortierst. Kurz gesagt: Du musst dir einen guten Überblick verschaffen, sodass du mit deiner Sammlung an Wissen etwas anfangen kannst. Wie du hier vorgehst, ist dir überlassen. Du kannst die Informationen nach Thema sortieren, damit du immer gleich alles parat hast, wenn du dich mit einem bestimmten Thema beschäftigst. Du kannst sie aber auch nach Art sortieren. Alle Infos aus dem Internet kommen in einen Ordner, alle Bücher liegen zusammen und so weiter. Es ist wichtig, dass du dich in deiner Sortierung zurechtfindest, mach es darum am besten so, wie es für dich logisch ist.

An dieser Stelle solltest du dich auch von allem verabschieden, was dir völlig unpassend für dein Referat erscheint. Deine Informationssammlung soll groß sein, sodass du viel weißt, wenn du mit deinem Referat vor der Klasse stehst, aber sie soll nicht mit Wissen gefüllt sein, das du überhaupt nicht dafür brauchst.

Eine vorläufige Gliederung erstellen

Da du nun alles weißt, was du für dein Referat wissen musst, ist es an der Zeit, eine grobe Gliederung zu erstellen. Diese muss am Ende nicht exakt so in deinem Referat vorkommen, sie soll dir aber eine Hilfestellung sein, damit du dieses genauer planen kannst. Denk darüber nach, was du unbedingt in deinem Referat zeigen und erwähnen möchtest oder musst. Die Reihenfolge ist dabei noch gar nicht so wichtig. Vielmehr sollst du mit dieser vorläufigen Gliederung erkennen, was in deinem Referat vorkommen wird, sodass du im nächsten Schritt überlegen kannst, wie das Referat aussehen soll.

Referat zum Thema **Drogen**
vorläufige Gliederung

1. Was sind Drogen?

2. Welche Wirkung haben Drogen?
Körperliche und geistige Auswirkungen

3. Wo liegt die Gefahr?
Verschiedene Arten der Sucht

4. Wie ist die rechtliche Lage?
Welche Drogen sind legal?
Welche Strafen gibt es?

5. Wo bekommt man Hilfe?

Wie soll dein Referat aussehen?

Du hast alle Vorbereitungen getroffen, um endlich mit dem eigentlichen Referat zu beginnen. Das bedeutet, dass du darüber nachdenken musst, wie du dein Referat halten möchtest. Sofern du es denn überhaupt halten musst. Nicht immer musst du ein Referat vortragen. Manchmal reicht es auch, wenn du es aufschreibst und deinem Lehrer als Hausarbeit abgibst.

Sollst du dein Referat aber der ganzen Klasse

vorstellen, musst du dir nun überlegen, wie du das machen möchtest. Welche Medien willst du nutzen? Erstellst du eine Präsentation oder machst du lieber ein Plakat? Willst du verschiedene Darstellungsarten kombinieren? Soll dein Referat eher ein Vortrag werden oder willst du deine Klasse einbinden? Und wie wäre es mal mit einem richtig kreativen Referat? All diese Fragen musst du klären, damit du eine grobe Richtung hast, in welche du weiterarbeiten kannst. Im zweiten Teil dieses Buches findest du *20 Ideen für kreative Referate*. Vielleicht ist dort etwas für dich dabei.

Du solltest dir von Anfang an das Ziel setzen, ein tolles und unterhaltsames Referat zu erstellen, an welchem deine Zuhörer genauso viel Freude haben werden wie du. Deine Absicht sollte also nicht einfach nur eine gute Note sein, sondern ein Referat, bei welchem deine Mitschüler und dein Lehrer sagen werden: „Donnerwetter! Das macht dir so schnell keiner nach!" Nur so wirst du dein Referat gerne vortragen und deine Klassenkameraden in deinen Bann ziehen.

Setze dir das Ziel, ein tolles Referat zu halten.

Verfügbarkeit

Es ist ganz wichtig, dass du darauf achtest, dass deine Idee auch umsetzbar ist. Sobald du dich für eine Form entschieden hast, solltest du zunächst abklären, ob alle Hilfsmittel vorhanden und funktionsfähig sind und ob du deine Idee überhaupt umsetzen darfst. Wenn du zum Beispiel ein Referat über **Pferde** halten möchtest und willst dazu ein Pferd mit zur Schule bringen, musst du natürlich erst nachfragen, ob du das darfst. Es ist auch schwierig, eine Folienpräsentation zu zeigen, wenn kein Overheadprojektor vorhanden ist. Bevor du am Tag deines Vortrages also dein blaues Wunder erleben musst, solltest du lieber gleich abklären, ob alles vorhanden ist, was du benötigst.

Präsentationsprogramme

Da viele Schüler ihre Referate gerne mithilfe eines Präsentationsprogrammes erstellen und halten, habe ich dir im Anhang eine kleine Auswahl an Programmen zusammengestellt, mit welchen du eine solche Präsentation erstellen kannst. So kannst du zur Abwechslung mal etwas Neues ausprobieren. Manche dieser Programme funktionieren nur mit einem Internetzugang. Du musst also unter Umständen zuvor deinen Lehrer fragen, ob du während deines Referates auf das Internet zugreifen darfst.

Gliederung

Hast du dich für eine oder mehrere Präsentationsarten entschieden, ist es erneut an der Zeit, eine Gliederung zu erstellen. Dieses Mal aber eine, die du auch im Referat verwenden willst. Das bedeutet, dass du nun eine logische Abfolge in deine Unterthemen bringen musst, sodass deine Mitschüler nachvollziehen können, worüber du sprichst. Stellst du beispielsweise eine **Person** vor, sagst du sicher zu Beginn etwas zu ihrem Geburtsdatum und ihrer Herkunft, bevor du darauf eingehst, was sie im Leben so gemacht hat.

Diese Gliederung kannst du dann deinem Lehrer zeigen. Vielleicht hat er noch etwas zu ergänzen. So kannst du sicherstellen, dass du nichts vergisst. Möglicherweise will dein Lehrer aber ohnehin, dass du ihm eine Gliederung vorlegst. Umso wichtiger ist es darum, dass du dich bei deinem Referat auch daran hältst. Die Gliederung muss also gut durchdacht sein.

Einleitung, Hauptteil, Schluss

Ein Referat setzt sich - wie auch jeder Aufsatz - aus einer Einleitung, einem Hauptteil und einem Schluss zusammen. Das solltest du immer beachten, wenn du an deinem Referat arbeitest. Der Hauptteil beinhaltet dabei alles, was du unbedingt zu deinem Thema sagen willst. Die Einleitung und der Schluss sind aber viel wichtiger.

Bei deinen Zuhörern bleiben sie nämlich viel mehr in Erinnerung. Du solltest dir darum gut überlegen, wie du beginnen willst. Es ist immer hilfreich, nicht sofort mit dem Thema loszulegen, sondern einen Einstieg zu finden, mit dem deine Zuhörer etwas anfangen können. Sprichst du zum Beispiel über **Wüsten,** kannst du damit beginnen, dass du davon erzählst, wie du bei deiner letzten Radtour wahnsinnigen Durst hattest und es nirgendwo etwas zu trinken gab. So findest du die Einleitung und gleichzeitig die Überleitung zum eigentlichen Thema.

Auch eine Frage an deine Mitschüler hilft, sie für dein Thema zu begeistern. „Was denkt ihr, wie viele Stunden Arbeit stecken in einer Tafel Schokolade?" Lass deine Klassenkameraden mitdenken, grübeln oder schätzen und finde so einen guten Einstieg in dein Referat.

Was du zu Beginn deines Referates auf keinen Fall tun solltest ist Folgendes: „Liebe Mitschüler, lieber Herr Lehrer, ich möchte nun ein Referat über die **Auswirkungen des Tsunamis in Japan 2011 auf die dortigen Einwohner** halten." Hast du jemals einen Film gesehen, der so eingeleitet wird? Beginnst du Diskussionen mit deinen Eltern auf diese Weise? Fragst du in der Schule vor jeder Frage, die du stellst, ob du etwas fragen darfst? Dein Referat braucht keinen Einleitungssatz, in welchem du sagst, was du tun wirst. Fang einfach mit der Einleitung an. Wie dein Thema heißt, kannst du währenddessen sagen oder erwähnst es bloß am Rande. Der Titel dieses Buches (so wie der jedes anderen Buches auch) steht bloß auf dem Buchumschlag und den ersten Seiten und gehört nicht zum eigentlichen Inhalt. Er weist lediglich darauf hin, worum es in diesem Buch geht.

Aber auch der Schluss ist entscheidend. Du solltest dein Referat im Idealfall mit einem deutlichen Ende ausstatten, sodass alle wissen, dass du fertig bist. Das soll aber bitte keine Folie mit dem Wort „Ende" sein und auch der Satz „Danke für eure Aufmerksamkeit" ist nicht besonders gut. Versuche es stattdessen doch mal mit einem Fazit zu deinem Thema. Eine kleine Zusammenfassung ist hier am hilfreichsten, weil du damit noch einmal ganz kurz an die wichtigsten Dinge erinnerst. Beim Thema „Wüsten" kannst du dann zum Beispiel sagen, dass Wüsten auf der Erde in verschiedenen Varianten vorkommen und man sie selbst in Europa finden kann. Auch ein Blick in die Zukunft kann sich eignen, um ein Referat zu beenden, indem du zum Beispiel darüber nachdenkst, was zukünftig mit den Wüsten passiert.

Du kannst natürlich auch die Frage vom Anfang noch einmal aufgreifen und erneut fragen. Jetzt, wo du über **Kakao** referiert hast, können deine Mitschüler besser einschätzen, wie viele Stunden dafür gearbeitet werden muss, bis man eine Tafel Schokolade essen kann. Solange du dein Thema abrundest, ist dein Schluss gelungen.

An die Einleitung und den Schluss können sich deine Zuhörer am besten erinnern.

Schriftliche Ausarbeitung

Es ist an der Zeit, dein Referat aufzuschreiben. Das gilt nicht nur, wenn du ohnehin eine schriftliche Arbeit abgeben musst, sondern auch dann, wenn du dein Referat vorträgst. Viele Schüler unterschätzen diesen Punkt, dabei erleichtert er dir deinen Vortrag enorm. Schreibe dein gesamtes Referat auf, so wie du es später vortragen möchtest. Keine Sorge, du musst das nicht auswendig lernen. Vielmehr dient dieser Schritt dazu, dir deutlich zu machen, was du alles sagen musst. So kannst du auch viel besser überlegen, wie du es sagst und in welcher Reihenfolge. Stell dir die schriftliche Ausarbeitung darum ein bisschen vor wie ein Drehbuch, in welchem du auch anmerkst, wann du beispielsweise ein Bild zeigen möchtest oder die Folie wechseln musst. Diese Anmerkungen fügst du aber erst später in deine schriftliche Ausarbeitung ein. Zunächst solltest du dich darauf konzentrieren, deinen Text so zu formulieren, dass alles vorkommt, was deine Klassenkameraden wissen müssen. Wenn also ein Mitschüler krank ist und darum dein Referat nicht miterleben kann, soll er anhand dieses Textes alles erfahren, was du vorgetragen hast. Keine Bange, du musst diesen Text weder deinen Mitschülern noch deinem Lehrer geben und er muss auch nicht frei von Rechtschreibfehlern sein. Er ist lediglich eine Hilfe für dich. Du kannst ihn nämlich während deines Vortrages als Spickzettel verwenden. Aber dazu später mehr.

Schriftliche Ausarbeitung zum Thema
Videospiele - früher vs. heute

…

Mit der Einführung von Computern in den privaten Haushalt in den 80er Jahren wurden auch Computerspiele immer populärer. Die Anwender mussten nicht mehr länger das Haus verlassen, um gegen digitale Gegner antreten zu können, sondern konnten von zu Hause aus eine Runde Pac-Man spielen - eines der beliebtesten Spiele der damaligen Zeit. Dabei bewegt sich die Spielfigur durch ein Labyrinth und versucht möglichst viele Punkte zu fressen, ohne selbst gefressen zu werden.

…

Ab dem Moment, in welchem du deine schriftliche Ausarbeitung beendet hast, gilt es, das Referat zu proben. Am besten beginnst du damit, deinen Text laut vorzulesen. Zuhörer brauchst du dafür erst mal nicht. Beim lauten Vorlesen werden dir vielleicht noch ein paar Stellen auffallen, die nicht so gelungen sind. Ändere sie gleich, sodass du sie dir erst gar nicht angewöhnst. Lies dir deine schriftliche Ausarbeitung immer wieder laut und leise durch, versuche aber nicht, sie auswendig zu lernen. Durch das Durch- und Vorlesen gewöhnst du dich selbst an dein Referat und gewinnst an Sicherheit, sodass die Wahrscheinlichkeit, dass du beim eigentlichen Vortrag etwas vergisst, immer kleiner wird. Dadurch nimmt häufig auch die Aufregung davor ab.

> **Schreibe dein gesamtes Referat auf.**

Referate in einer Fremdsprache halten

Wenn du ein Referat in einer Fremdsprache hältst, sieht das nicht anders aus als in anderen Fächern. Der einzige Unterschied ist eben die Sprache, in welcher du sprichst. Das bedeutet aber nicht, dass du ausschließlich in der Fremdsprache sprichst. Dein Referat soll natürlich nicht auf Deutsch gehalten werden, du darfst aber Wörter, die deine Klassenkameraden möglicherweise nicht kennen, sehr wohl kurz erklären und gegebenenfalls auf Deutsch sicherstellen, dass sie das verstanden haben. Wenn du nicht zu viele dieser Wörter nutzt, kannst du sie auch in beiden Sprachen an die Tafel schreiben. Wann immer deine Mitschüler nicht verstehen, was du sagst, solltest du zunächst versuchen, in der Fremdsprache eine andere Erklärung zu finden. Wenn das auch nicht gelingt, kannst du es auf Deutsch erklären. Zur Sicherheit solltest du zuvor deinen Lehrer fragen, ob das in Ordnung ist.

Anschauungsmaterial erstellen

Dein Referat ist jetzt zur Hälfte fertig. Was noch fehlt, ist das Anschauungsmaterial. Du willst schließlich nicht nur vor der Klasse stehen und reden, sondern auch etwas zeigen. Das Anschauungsmaterial dient aber lediglich dazu, deinen Vortrag lebhafter zu gestalten und das Gesagte zu unterstreichen. Es soll nicht im Vordergrund stehen. Du musst also nicht zu jedem Punkt, den du ansprichst, auch etwas zeigen. Da du dich bereits zu Beginn für eine Vortragsform entschieden hast, kannst du die passenden Materialien jetzt erstellen. Gestalte ein Plakat, erstelle eine Präsentation oder bedrucke eine Folie. Achte dabei stets darauf, dass alles gut erkennbar und groß genug ist. Wer in der letzten Reihe sitzt, muss auch noch alles erkennen können. Wählst du eine zu kleine Schrift, könnte das schwierig werden. Eine gute Methode, um herauszufinden, ob jeder deine Materialien erkennen kann, ist, drei große Schritte von deiner Folie oder deinem Bildschirm wegzugehen und zu schauen, ob du immer noch alles erkennen kannst. Bei Plakaten solltest du dich an die weiteste Entfernung im Klassenzimmer halten. Geh also so weit weg, als säßest du auf dem Platz eines Schülers in der letzten Reihe.

So verlockend es auch sein mag, viele verschiedene Farben, Schriftarten und Stile zu mischen, am schönsten sieht dein Material dann aus, wenn du bei einer Schriftart bleibst und nicht mehr als drei Farben für die Schrift verwendest, die im Idealfall gut zusammenpassen. Wie wäre es denn zum Beispiel mit einem hellen Blau, Grau und Schwarz? Schwarz eignet sich für Text immer noch am besten. Der Kontrast muss dabei aber unbedingt stimmen. Schwarz auf einem roten Hintergrund sieht man beispielsweise nicht so gut. Allgemein gilt, dass der Hintergrund hell sein sollte. Am besten weiß oder nur leicht gefärbt. Ziel ist immer, dass man den Text gut lesen kann, nicht, dass die Hintergrundfarbe besonders schick ist. Verzichte darum auch auf deutliche Muster als Hintergrund. Hier ist weniger definitiv mehr.

Bleib dann am besten immer bei der gleichen Gestaltung. Willst du die Überschrift hervorheben, hebe sie immer gleich hervor und nicht auf der einen Folie in Grün und auf der anderen, indem du sie unterstreichst. Auf diese Weise verleihst du deinem Referat ein strukturiertes Aussehen und deine Klassenkameraden erkennen viel schneller, was du ihnen sagen willst.

Wenn du Bilder zeigst, zeige sie immer im Vollbild und ohne Text. Möchtest du etwas zum Bild aufschreiben, schreibe es auf eine weitere Folie. Bilder sprechen in der Regel für sich. Hier ist es übrigens sinnvoll, bei einem Vortrag mit Präsentationssoftware, einen schwarzen Hintergrund bei Bildern zu wählen. Das ist angenehmer für das Auge und bringt das Bild besser zur Geltung.

Es ist außerdem besser, wenn der Text animiert erscheint. Übertreiben solltest du es allerdings nicht. Bleib immer bei derselben Animation, die am besten schlicht ist. Ein einfaches Einblenden oder Hineinbewegen ist besser als tanzende Buchstaben. Diese lenken vor allem ab und dauern meist zu lange.

Gestaltest du ein Plakat, hast du vermutlich das Problem, dass nicht jeder von seinem Sitzplatz aus gut erkennen kann, was du alles geschrieben und gemalt oder geklebt hast. Es ist darum umso wichtiger, dass du alles erwähnst, was auch auf dem Plakat steht. Außerdem solltest du das Plakat nach dem Vortrag noch eine Weile hängen lassen, damit sich alle deine Mitschüler dein Werk in Ruhe ansehen können.

Verwende ein einheitliches Design, das deine Mitschüler gut erkennen können.

Beispiele zeigen - darauf musst du achten

Dein Anschauungsmaterial sollte natürlich nicht überladen werden. Ganze Sätze, sofern es sich nicht um Zitate handelt, haben dort nichts verloren. Zu viele Stichworte sind aber auch nicht gut. Du solltest zu keinem deiner Punkte mehr als fünf Stichworte zeigen. Meistens sind drei Stichworte völlig ausreichend, um die wichtigsten Details aufzuzeigen. Am besten schreibst du alles auf, was wirklich wichtig ist und zeigst es immer genau dann, wenn du es auch sagst, nicht davor und nicht danach. Auf diese Weise stehen deine Punkte nicht unerklärt im Raum und durch die gleichzeitige Nennung können deine Mitschüler sich diese Punkte besser merken.

Napoleon Bonaparte

französischer Kaiser
* 15. August 1769
† 5. Mai 1821

Möchtest du verschiedene Anschauungsmaterialien nutzen, also beispielsweise ein Plakat und eine Präsentationssoftware, achte darauf, dass du dadurch keinen Stress bekommst. Hängt das Plakat auf der einen Seite des Raumes an der Pinnwand und du musst ständig hin und her laufen, entstehen schnell Redepausen oder du kommst aus der Puste. Du musst auch darauf achten, dass du nicht zu viele verschiedene Materialien verwendest. Dadurch kommen deine Mitschüler und vielleicht sogar du selbst möglicherweise durcheinander. Mal ganz abgesehen davon, dass du all die Sachen auch noch zur Schule bringen musst.

Kein Anschauungsmaterial

Wenn du richtig gut bist, kannst du das Anschauungsmaterial auch komplett weglassen. Keine Präsentation, keine Plakate. Dein Vortrag wird von dir erzählt und dargestellt und du ziehst deine Zuhörer in den Bann. Das geht, es ist aber nicht unbedingt einfach. Wenn du ein Thema hast, bei dem sich das anbietet und du in der Lage bist, dein Referat auch ohne Anschauungsmaterial zu vermitteln, kannst du diese Art des Vortrages einmal ausprobieren. Schau dir dazu am besten den ein oder anderen Vortrag auf http://www.ted.com[1] an. Das ist eine Plattform für Vortragende, die ihre Ideen präsentieren und dabei häufig keinerlei Anschauungsmaterial nutzen. Die Vorträge ziehen den Zuschauer allein durch den Inhalt in ihren Bann. Aber Vorsicht: Die Vorträge sind alle auf Englisch.

---

[1] Alle Links in diesem Buch wurden im April 2018 hinzugefügt. Es kann sein, dass diese zu einem späteren Zeitpunkt nicht mehr zur Verfügung stehen.

Außerdem findest du im Anhang dieses Buches einige Bespiele für Vorträge und Präsentationen, die besonders gelungen sind.

> **Dein Anschauungsmaterial soll deinen Vortrag unterstützen, nicht dominieren.**

Proben

Deine schriftliche Ausarbeitung hast du bis hierhin hoffentlich bereits einige Male geprobt und kannst dein Referat schon ganz gut frei vortragen. Jetzt gilt es, alles zusammenzubringen. Nutze deine Materialien zusätzlich zu deinem Text und wechsle im richtigen Moment die Folie, zeige auf die entscheidende Stelle auf deinem Plakat oder spiele den kleinen Film ab, den du zeigen willst. Hierbei ist es nun nicht so wichtig, dass du alles tatsächlich zeigst, aber du solltest zumindest so tun als ob. Wenn du zu Hause keinen Overhead-  projektor hast - wovon ich ausgehe -, dann musst du dir für deine Proben keinen ausleihen. Tu einfach so, als hättest du einen, und zeige auf deine Folie.

Durch dieses Proben gewinnst du nicht nur an Sicherheit, du hast so auch die Möglichkeit, Fehler oder ungünstige Situationen zu erkennen, in die du dich aufgrund deines Materials vielleicht begeben musst. Eventuell kommen zwei Stichworte kurz nacheinander und du musst sie einzeln einblenden. Möglicherweise geht es besser, wenn sie zeitgleich erscheinen. Außerdem siehst du auf diese Weise nun zum ersten Mal, wie lange dein Referat wohl dauern wird. Hier geben Lehrer häufig eine Zeit vor, an die du dich grob halten solltest. Wenn du dein Referat so durchspielst, als würdest du es tatsächlich halten, kannst du auch sehen, wie lange es am Ende dauern wird.

Vergiss nicht, dass du deinen Zuhörern Zeit geben musst, dein Anschauungsmaterial anzusehen. Das gilt besonders dann, wenn du ihnen etwas zeigst, wofür sie ein wenig Zeit brauchen, um es sich durchzulesen. Menschen können sich nur auf eine Sache gleichzeitig konzentrieren (Multitasking ist ein Mythos). Deine Mitschüler können also entweder etwas ansehen und sich dazu Gedanken machen, oder sie hören dir zu. Wenn du nur Stichworte einblendest, die du ohnehin erwähnst, ist das nicht so wichtig. Zeigst du ihnen hingegen ein Bild, gib ihnen Zeit, es sich anzusehen. Diese Zeit nutzt du idealerweise, um einmal tief ein- und auszuatmen. Für Bilder, Grafiken und kurze Texte reicht diese Zeit häufig aus, um sie sich anzusehen. Wenn dir das zu kurz erscheint, atmest du einfach noch mal tief ein und aus. Für deine Mitschüler kann es auch hilfreich sein, wenn du dich selbst dem zuwendest, was sie sich nun ansehen sollen. Sollen sie also zum Beispiel das Zitat lesen, das an die Wand projiziert wird, drehst du dich einfach zur Wand und liest das Zitat selbst. So findest du nicht nur die richtige Zeitspanne, die du allen geben musst, um das Zitat zu lesen, sondern signalisierst deinen Mitschülern auch, dass sie das Zitat ebenfalls lesen sollen.

> **Probe dein Referat möglichst genau und gib deinen Zuhörern Zeit, sich deine Materialien anzusehen.**

Zusatzmaterial erstellen

Zu einem guten Referat gehört immer auch ein sogenanntes Handout. Das ist eine Art Zusammenfassung deines Referates für all deine Mitschüler. Damit sollen sie am Ende etwas haben, auf dem alles steht, was sie zu deinem Thema wissen müssen. Das bedeutet für dich, dass du nur die wichtigsten Dinge nennst und möglichst nur eine A4-Seite beschriftest.

Eine gute Methode, um zu erkennen, was alles auf deinem Handout stehen sollte, ist es, wenn du dir vorstellst, du würdest das Handout für einen Klassenkameraden erstellen, der bei deinem Referat nicht da war. Wenn er dieses Handout bekommt, sollte er es verstehen können, ohne auch nur eine Sekunde deines Referates gehört oder gesehen zu haben. Das bedeutet, dass du zusätzlich auch Bilder auf dein Handout machen kannst.

Eine gern genutzte Idee für Handouts sind Mitmachaufgaben für deine Mitschüler. Manche Informationen müssen sie sich hierbei selbst aufschreiben. Das kannst du in Form eines kleinen Rätsels machen oder indem du beispielsweise eine Frage formulierst. Dabei solltest du aber darauf achten, dass dein Referat die Lösungen zu allen Aufgaben beinhaltet, sodass deine Mitschüler nicht nachfragen müssen, was denn nun die korrekte Antwort ist.

Außerdem musst du all deine Quellen aufschreiben. Je nachdem, wie viele das sind, kannst du sie auf dein Handout schreiben oder auf einem separaten Blatt notieren. Allen Mitschülern austeilen musst du sie nicht unbedingt, es reicht, wenn du sie zeigst, also beispielsweise an die Tafel schreibst oder auf dem Lehrerpult auslegst, sodass sie jeder einsehen kann, wenn er möchte. Achte dabei dann darauf, dass du die Quellen nach ihrer Art sortierst, sofern du das nicht ohnehin schon bei der Recherche getan hast. Alle Buchquellen stehen beieinander, alle Internet-quellen und so weiter.

Dein Handout sollte alle wichtigen Informationen zu deinem Referatsthema beinhalten.

Große Mengen drucken

Da du dein Handout natürlich an alle deine Mitschüler und auch an deinen Lehrer austeilen solltest, bietet es sich an, dieses in der Schule zu kopie-  ren. Einige Schulen haben spezielle Kopierge-räte für Schüler, an anderen musst du viel-leicht deinen Lehrer fragen, ob er dir dein Material kopiert. Wenn beides nicht möglich ist und du auch zu Hause nicht so viel ausdrucken kannst, kannst du in einen Copyshop gehen. Dort hast du dann gleich noch farbiges Papier in unterschiedlichen Stärken zur Auswahl und kannst zum Beispiel Folien für den Overheadprojektor drucken lassen oder ganze Plakate erstellen. In vielen Copyshops hast du außerdem die Mög-lichkeit, Daten von einer SD-Karte oder einem USB-Stick auszudrucken. Falls du zu Hause keinen Drucker haben solltest, kannst du in einem Copyshop nachfragen, ob du dort etwas drucken kannst und wie teuer das ist. Die Mit-arbeiter dort werden dich beraten.

Spickzettel

Ein auswendig gelernter Vortrag ist genauso schlimm wie ein vorgelesener. Das bedeutet, dass du dein Referat frei vortragen sollst. Aber das bedeutet nicht, dass du nicht ab und an auf einen Spickzettel sehen darfst. Moderatoren im Fernsehen haben in der Regel ein paar Zettel in der Hand, damit sie den Faden nicht verlieren, und bei Theatervorstellungen sitzt häufig ein Souffleur bei der Bühne, der den Schauspielern ihren Text zuflüstert, falls sie ihn vergessen sollten. Auch du darfst dir für dein Referat ein paar Spickzettel machen. Dazu gehört zunächst deine schriftliche Ausarbeitung, die du am besten gut erreichbar, aber doch nicht direkt vor der Nase platzierst. Wahrscheinlich wirst du bei deinem Referat vor der Klasse stehen, du kannst sie also zum Beispiel auf das Lehrerpult legen. Die schriftliche Ausarbeitung ist deine letzte Rettung. Du solltest sie nur nutzen, wenn du wirklich gar nicht mehr weiterweißt.

Zur Sicherheit - und um etwas in der Hand zu haben - erstellst du dir lieber kleine Moderationskärtchen. Diese sollten im Format A5 oder A6 sein, damit du gut lesen kannst, was darauf steht, und sie sollten im Idealfall aus etwas festerem Papier bestehen. Bist du nämlich sehr aufgeregt und hast schwitzige Hände, droht normales Papier zu reißen.

Auf deine Moderationskärtchen schreibst du nun alles, was dir während deines Referates helfen kann, den Faden nicht zu verlieren. Beschrifte die Kärtchen immer nur auf einer Seite, so kommst du nicht so schnell durcheinander. Auch hier solltest du wieder keine ganzen Sätze verwenden, sondern lediglich Stichworte, da du sonst zu lange brauchst, um zu lesen. Die Kärtchen sollen dir schnelle Hilfe bieten und dich nicht verwirren. Darum ist es auch wichtig, dass du sie wechselst, selbst wenn du gar nicht darauf schaust. Hast du inhaltlich alle Punkte des ersten Moderationskärtchens abgehakt, lege das Kärtchen weg oder sortiere es hinter die anderen ein. Nur so musst du dann, wenn du doch einmal kurz nicht mehr weiterweißt, nicht auch noch das richtige Kärtchen suchen.

Moderationskärtchen müssen übersichtlich sein.

Generalprobe

Du bist nun fast bereit für dein Referat. Was du aber jetzt noch tun solltest, um die letzten Zweifel auszuräumen, ist eine Generalprobe. Schnapp dir dazu einen Freund oder gleich mehrere oder frag jemanden aus deiner Familie, dem du dein Referat so vorträgst, wie du es auch deiner Klasse vortragen willst. Auch hier ist es nun nicht ganz so schlimm, wenn du nicht alle Hilfsmittel zur Verfügung hast. Dein Publikum ist nicht so groß. Es kann sich die Präsentation auch direkt auf dem Computerbildschirm ansehen oder die vorbereitete Folie auf einem Tisch durchlesen. Dabei ist es wichtig, dass du dein Publikum zu Beginn darum bittest, darauf zu achten, ob dein Referat inhaltlich nachvollziehbar und gut verständlich ist. Gerade wenn dein Publikum aus Zuhörern besteht, die sich mit deinem Thema ein wenig auskennen, sollte es bedenken, dass dein eigentliches Publikum vielleicht gar keine Ahnung haben wird.

Diese Generalprobe soll für dich eine Rückmeldung darstellen, wie gut du dich machst und ob es noch etwas gibt, was du verändern kannst oder worauf du achten musst. Sie sollte darum nicht erst am Morgen vor dem Referat stattfinden, da du vielleicht etwas Zeit brauchst, um die Änderungen zu übernehmen.

Hast du niemanden, dem du dein Referat vortragen kannst, kannst du dich auch filmen und im Anschluss das Video ansehen. Mach dann aber eine kurze Pause zwischen dem Vortragen und dem Anschauen. Dadurch vergisst du einen Teil deines Vortrages und das Video wirkt auf dich ungewohnter, sodass du besser auf alles achten kannst. Mit dieser Methode werden dir inhaltliche Fehler oder Probleme möglicherweise nicht auffallen, sehr wohl aber wirst du bemerken, ob du gut vorgetragen hast. Vielleicht sagst du viel zu häufig „ähm" oder redest zu schnell oder zu leise. Das Video wird diese unschönen Details aufdecken und dir dabei helfen, diese Fehler beim Vortrag nicht zu machen.

Wiederhole deine Proben - auch die Generalprobe - so oft, bis du dich sicher fühlst und bereit für dein Referat bist.

Lass jemand anderes deinen Vortrag vorab sehen und bewerten.

Ein Referat mit anderen halten

Nicht immer bist nur du es, der ein Referat halten muss. Manchmal hältst du es mit anderen. Hierbei müsst ihr genau gleich vorgehen, um euch vorzubereiten. Ihr solltet aber darauf achten, dass jeder von euch nicht nur gleich viel Arbeit in die Vorbereitung investiert, sondern auch dieselbe Redezeit beim Vortragen bekommt. Nicht jeder Lehrer vergibt eine Note für das Team. Manche Lehrer benoten die Schüler einzeln. Da wäre es unfair, wenn jemand bloß aufgrund zu geringer Redezeit eine schlechte Note bekommt.

Gerade wenn du ein Referat mit anderen hältst, ist das Proben umso wichtiger. Du solltest selbst natürlich wissen, wann du an der Reihe bist, aber auch den anderen aushelfen können, wenn sie einmal nicht weiterwissen. Das bedeutet, dass du im Grunde das ganze Referat alleine vortragen könntest und dich darum auch so darauf vorbereitest, als würdest du das tun. Das gibt dir viel mehr Sicherheit.

Auf gar keinen Fall solltet ihr als Gruppe aber das gemeinsame Proben unterschätzen. Wenn du super auf das Referat vorbereitet bist, ist das nur die halbe Miete. Die anderen müssen selbst natürlich auch wissen, wann sie an der Reihe sind und was sie dann zu tun und zu sagen haben.

Abwechslungsreicher für eure Zuhörer und für euch ist es übrigens, wenn ihr euch regelmäßig abwechselt. Statt euer Thema so zu unterteilen, dass jeder von euch ein Unterthema behandelt, könnt ihr die einzelnen Unterthemen erneut aufteilen. Dadurch sagen mehrere Schüler zu jedem Teilbereich des Referates etwas und ihr müsst nicht so lange schweigend vor der Klasse stehen. Übertreibt es dabei aber nicht. Wenn ein Unterthema ohnehin in vier Sätzen abgehakt ist, sollten diese vier Sätze nicht auch auf vier

Schüler aufgeteilt werden. Unterteile die Teilbereiche nur dann, wenn ihr genügend zu sagen habt.

Probe das Referat mit deinen Mitschülern so oft wie möglich.

Kurzreferate

Sämtliche Tipps, die du bisher kennengelernt hast, gelten grundsätzlich für alle Referate. Du hast jedoch nicht immer zwei bis drei Wochen Zeit, diese vorzubereiten. Das ist nicht weiter schlimm, denn das bedeutet lediglich, dass du manche Schritte nicht allzu intensiv abarbeiten kannst. Bleiben dir für ein Referat nur wenige Tage Zeit, ist die Vorgehensweise fast dieselbe. Vor allem die Recherche sollte gleich aussehen, beinhaltet dann aber vielleicht etwas weniger Quellen. Dennoch ist sie es, die dein Referat überhaupt erst gut werden lässt. Hast du von deinem Thema keine Ahnung, kannst du nur schwer einen guten Vortrag halten. Spare lieber Zeit bei der Gliederung und erstelle diese erst, wenn dein Referat schon fast fertig ist. Das gilt natürlich nicht, wenn dein Lehrer sie vorab sehen will. Weise ihn dann aber darauf hin, dass sich dabei möglicherweise noch etwas ändert und halte selbst nicht zu sehr an dieser Gliederung fest. Inhaltlich solltest du dich schon daran orientieren, aber die Reihenfolge darf sich ruhig verändern.

Auf die schriftliche Ausarbeitung kannst du komplett verzichten, was eine große Zeitersparnis darstellt. Die Proben hingegen solltest du dafür umso ernster nehmen. Probe immer wieder kleine Teile deines Referates und setze diese in ein oder zwei Gesamtproben zu einem kompletten Referat zusammen. Dadurch kannst du zum Beispiel auf dem Schulweg einzelne Teile für dich durchgehen und musst dir keinen Zeitraum freihalten, in welchem du mehrfach das gesamte Referat probst.

Dir sollte dennoch bewusst sein, dass du durch das Weglassen und Abkürzen einiger Schritte möglicherweise ein nicht perfekt vorbereitetes Referat halten wirst. Es kann durchaus sein, dass du dadurch unsicher und nervös werden wirst. Das ist an sich nicht schlimm, kann aber deine Note und dein Wohlbefinden beeinflussen. Zögere darum bei anstehenden Referaten nicht lange, sondern fange gleich an.

Der Tag X

Wenn der Tag deines Referates dann nach all der Vorbereitung angebrochen ist, ist es natürlich besonders wichtig, dass du nichts vergisst. Hast du viel mitzunehmen, erstelle dir am besten eine Liste mit allem, was du brauchst und was du auf keinen Fall vergessen darfst, und hake ab, was du schon eingepackt hast. Du solltest auch dafür sorgen, nicht zu spät zu kommen, oder deine Eltern bitten, dich zur Schule zu fahren, wenn du zu viele Dinge mitnehmen musst. Gerade wenn du vor Referaten besonders aufgeregt bist, ist es wichtig, dass du nicht noch zusätzlichen Stress bekommst, indem du verschläfst oder noch einmal zurückgehen musst, weil du etwas vergessen hast.

Wer vor der Klasse stehen muss, macht sich vielleicht ein wenig mehr Gedanken darüber, was er anziehen will. Hier bieten sich die Klamotten an, in denen du dich wohl fühlst, was aber nicht bedeutet, dass du im Schlafanzug zur Schule gehen sollst. Wenn dich diese eine Hose immer ein bisschen zwickt, dann lass sie am Tag X vielleicht doch lieber im Schrank und wähle eine, die besser passt. Beim Vortrag sollst du dich auf diesen konzentrieren und dich nicht durch deine Kleidung gestört fühlen.

Vergiss auch das Frühstück nicht. Ohne Nahrung lässt die Konzentration schnell nach und das kann sich negativ auf deinen Vortrag auswirken. Iss darum etwas, bevor du dein Referat halten musst. Es müssen ja nicht gleich drei Brötchen sein. Ein Apfel reicht, und wenn dir selbst das zu viel erscheint, kannst du auch einen Müsliriegel essen. Hauptsache, du isst etwas.

Wenn du vor dem Referat noch Unterricht hast, dann versuche dich auf diesen zu konzentrieren und stelle das Referat hinten an. Das wird dir vielleicht nicht ganz leichtfallen, aber du wirst sehen, dass es ziemlich angenehm ist, wenn du dich zuvor noch ein wenig ablenken lassen kannst. Musst du für dein Referat einige Vorbereitungen im Klassenraum treffen, bitte den Lehrer, bei welchem du davor Unterricht hast, dich oder gar die ganze Klasse ein bisschen früher gehen zu lassen, damit du dich und deine Materialien vorbereiten kannst. Das wird er vielleicht nicht machen, aber fragen kannst du trotzdem.

Lampenfieber

Vor und während deines Referates bist du sicherlich ein bisschen, vielleicht auch ziemlich stark aufgeregt. Das ist keine Schande. Im Gegenteil. Lampenfieber zu haben ist vollkommen normal. Aber es sollte nicht die Oberhand gewinnen, sondern lediglich in den Hintergrund rücken. Zittern, schwitzige Hände und dieses merkwürdige Kribbeln im Bauch sind in Ordnung. Damit es ein bisschen weniger wird, kannst du unmittelbar vor deinem Referat in einer ruhigen Ecke eine klitzekleine Atemübung machen, bei welcher du einfach nur mit geschlossenen Augen langsam mehrmals ein- und ausatmest und dich dabei ganz auf deinen Atem konzentrierst. So bist du durch nichts abgelenkt und versorgst dein Gehirn mit ausreichend Sauerstoff, was die Nervosität etwas senkt. Am besten übst du das aber noch vor deinem Referat zu Hause, damit es dann, wenn du es wirklich brauchst, sofort funktioniert.

Du kannst auch einen Stressball mit in die Schule bringen, den du kneten und drücken kannst, um etwas von deinem Lampenfieber an den Ball abzugeben.

Während deines Vortrages konzentrierst du dich am besten wirklich nur auf deinen Vortrag. Du wirst merken, dass das Lampenfieber immer mehr abnimmt. Genauer gesagt, wirst du das während des Referates nicht merken, weil du dich ja auf deinen Vortrag konzentrierst. Aber im Anschluss wird dir auffallen, dass das Lampenfieber währenddessen viel besser war als noch vor deinem Referat.

Leidest du unter sehr starkem Lampenfieber, kannst du es zum Beispiel mit autogenem Training versuchen. Das ist ein Entspannungsverfahren, was dich beruhigen kann. Damit musst du aber einige Wochen vor deinem Referat anfangen, denn es dauert eine Weile, bis du das gut beherrschst. Auch Workshops und Seminare können dir bei starker Nervosität helfen. Das ist dann aber wirklich eher etwas für die ganz extremen Lampenfieber-Fälle und nicht für die leicht nervösen Schüler. Wie gesagt, ein bisschen nervös zu sein ist vollkommen normal.

Lampenfieber ist in Ordnung und zeigt, dass du motiviert bist, ein gutes Referat zu halten.

Während des Referates

Während du dein Referat hältst, befindest du dich in einem Tunnel, in welchem du vor allem deinen Vortrag siehst und dir viele Dinge drumherum gar nicht auffallen. Das ist grundsätzlich kein Problem, kann aber dafür sorgen, dass du das ein oder andere vergisst. Hast du deine Mitschüler gefragt, ob sie alles gut lesen können? Ist die Beleuchtung im Klassenzimmer in Ordnung? Liegt wirklich alles dort, wo es jetzt liegen soll? Hast du deine Materialien an den richtigen Stellen gezeigt? Sprichst du laut und langsam genug? Sind überhaupt noch alle Mitschüler da oder ist in der Zwischenzeit jemand gegangen? Möglicherweise hast du das ein oder andere einfach vergessen, was dir entweder während des Referates oder erst ganz am Ende auffällt. Sofern es nicht unbedingt notwendig ist, kannst du das Vergessene dann auch einfach weglassen. Fällt dir während des Referates auf, dass du etwas ausgelassen hast, sei ehrlich, sag, dass du etwas vergessen hast, und erwähne es nachträglich. Das kann passieren und ist längst nicht so schlimm wie es ganz wegzulassen und damit einen wichtigen Teil nicht zu erzählen.

Mach zwischendrin eine Verschnaufpause. Wenn du zum Plakat läufst, atme durch und sprich in dieser Zeit einfach mal nicht. Stell dir auch eine Wasserflasche in die Nähe, sodass du zwischendurch etwas trinken kannst. Wer viel redet, der muss seinen Mund ab und an befeuchten, um die Stimme zu behalten. Sprich das aber zuvor mit deinem Lehrer ab und trinke dann nicht unmittelbar neben deinem Material. Nicht, dass du mit zitternden Händen das Wasser über den Computer kippst. Wenn du etwas trinkst, dann immer nur kleine Schlucke. Du willst nicht deinen Durst löschen, sondern deinen Mund befeuchten.

Und vor allem willst du dich nicht verschlucken oder eine lange Trinkpause machen. Ein, zwei kleine Schlucke und weiter im Text.

Körpersprache

Eben weil du vermutlich ein bisschen aufgeregt sein wirst, wird dir dein Körper vielleicht etwas fehl am Platz vorkommen. Die beste Wirkung auf deine Zuschauer erzielst du, wenn du deine Füße etwa schulterbreit auf dem Boden platzierst und dein Gewicht gleichmäßig, vielleicht ein bisschen mehr auf den Ballen, verteilst. Dein Becken schiebst du leicht nach vorne und deine Wirbelsäule ist aufrecht. Den Kopf hebst du, schaust also nicht auf den Boden, und stellst dir einfach vor, dass du für die Dauer deines Referates der Chef bist. Bist du ja auch. Dein Körper darf das ruhig zeigen. Idealerweise übst du das vor dem Spiegel. Wenn du dich mit dieser Körperhaltung nicht wohl fühlst, nimm sie aber bitte nicht krampfhaft ein. Stell dich lieber so hin, dass du dich sicher fühlst. Du wirst merken, dass deine bevorzugte Haltung der obigen sehr nahekommt.

Nun musst du aber natürlich nicht die ganze Zeit wie angewurzelt an derselben Stelle stehen bleiben. Im Gegenteil. Lauf herum. Das beruhigt nicht nur, es ist auch für deine Mitschüler eine willkommene Abwechslung. Dein Lehrer steht während des Unterrichts sicherlich auch nicht die ganze Zeit an derselben Stelle. Beim Umherlaufen gilt, dass du es langsam tust. Du trittst nicht hektisch von einem Fuß auf den anderen, sondern gehst beim Sprechen ein paar Schritte, bleibst dann stehen und erzählst. Nach einiger Zeit wechselst du die Position, gehst also wieder einige Schritte, dieses Mal vielleicht in die andere Richtung, und bleibst dann dort wieder stehen. Pass aber auf, dass du nicht versehentlich vor deinem Anschauungsmaterial, also deiner Folie, dem Tafelbild oder Plakat stehen bleibst und die Sicht darauf verdeckst.

Bleibt noch die Frage, wo die Hände hinkommen. Im Idealfall hast du dir Moderationskärtchen gemacht, an denen du dich festhalten kannst. Halte sie mit beiden Händen und nutze eine oder abwechselnd beide Hände, um zu gestikulieren. Damit unterstreichst du das Gesagte, so wie du es vermutlich ohnehin immer beim Reden machst. Es ist außerdem nicht verboten, eine Hand in die Hosentasche zu stecken. Wichtig ist nur, dass das nicht gelangweilt oder desinteressiert aussieht, sondern lediglich einen Ruheplatz für deine Hand darstellt. Sie sollte darum nicht die ganze Zeit in deiner Hosentasche bleiben, sondern immer nur kurz darin verschwinden.

Die Arme vor der Brust zu verschränken ist übrigens keine gute Idee. Das sieht nicht gut aus und wirkt unglaublich abweisend auf deine Zuhörer.

Wenn du in die Rolle einer anderen Person schlüpfst, um deinen Vortrag zu halten, kann es sein, dass die Moderationskärtchen nicht zur Rolle passen. Dafür hast du vielleicht etwas anderes in der Hand. Wenn nicht, überlege dir vorab, wo die Person, die du spielst, ihre Hände haben würde.

Schließlich musst du noch irgendwohin sehen. Die goldene Regel lautet, dass du in den Raum sehen solltest. Du stehst logischerweise nicht mit dem Rücken zur Klasse und sprichst mit der Wand. Dein Blick sollte aber auch nicht die ganze Zeit auf einer bestimmten Person oder Stelle ruhen. Schau mal nach links, mal nach rechts, sieh deinem besten Freund in die Augen, dann dem Lehrer, dann niemandem und dann dem Klassenkameraden hinten links. Wenn du niemanden ansiehst, kann das besonders zu Beginn deine Nervosität verringern. Das fällt auch keinem auf, weil jeder denkt, du siehst eben einfach gerade nicht ihn an, sondern einen anderen. Suche dir darum am besten eine Stelle im Klassenraum, vor und hinter welcher Schüler sitzen. So denkt die hintere Reihe, du siehst jemanden in der vorderen Reihe an, und umgekehrt. Lass deinen Blick dann während des gesamten Vortrages immer wieder an verschiedenen Stellen für einige Zeit ruhen. Du musst nicht jeden ansehen, aber du solltest eben auch nicht immer an dieselbe Stelle starren.

Probleme während des Referates

Bei deinem Vortrag willst du natürlich, dass alles reibungslos verläuft. Du solltest aber im Vorfeld darüber nachdenken, was du tust, wenn doch etwas anders läuft, als du es dir vorgestellt hast. Grundsätzlich gilt, dass du zu deinen Zuhörern ehrlich sagen solltest, wenn du etwas falsch gemacht hast. Auf diese Weise wissen sie gleich, dass du etwas korrigieren wirst, und bekommen nicht zwei verschiedene Aussagen zu einer Sache, wovon nur eine richtig ist. Diese Ehrlichkeit macht sich vor allem dann bezahlt, wenn du den Faden verloren hast und gar nicht mehr weißt, wie es weitergeht. Sag in so einem unangenehmen Moment einfach, dass du ein Blackout hast und kurz in deinen Unterlagen nachschauen musst, wie es weitergeht. Dadurch entsteht keine merkwürdige Pause, in der du nichts sagst und verzweifelt nach dem Anschluss suchst. Deine Mitschüler wissen genau, was los ist, werden vielleicht kurz etwas unruhig, was dich aber nicht weiter stören sollte, und du hast Zeit, um den Faden wieder aufzunehmen und dein Referat fortzuführen.

Wenn die Technik oder deine Materialien einfach nicht mitspielen wollen und der Overheadprojektor sich ständig selbst ausschaltet oder das Plakat einfach nicht an der Pinnwand hängen bleiben will, dann reg dich nicht darüber auf oder versuche es immer und immer wieder, sondern löse das Problem anderweitig. Spinnt das technische Gerät, besorge dir ein anderes. Ist das nicht möglich, so hast du hoffentlich ein Referat ausgearbeitet, das auch ohne dein Anschauungsmaterial funktioniert, sodass du deinen Vortrag einfach fortsetzen kannst. Ist dein Material für dein Referat besonders wichtig, frage deinen Lehrer, ob er Abhilfe weiß. Es erwartet niemand von dir, dass du ein Genie bist und die Geräte reparierst. Dein Referat verzögert sich dadurch womöglich, vielleicht kannst du es auch nicht halten und musst an einem anderen Tag erneut ran, aber dann hast du zumindest dein Bestes gegeben.

Hast du bei deinem Referat viel Wert auf die Mithilfe deiner Mitschüler gelegt, die jetzt einfach nicht mitmachen, hast du natürlich ein Problem. Musst du alle Antworten selbst geben, kommst du dir irgendwann doof vor. So wie dein Lehrer vielleicht auch manchmal, wenn keiner der Schüler die Antwort weiß. Das ist für dich ein wenig ärgerlich, aber sollte kein schwerwiegendes Problem darstellen, da du die Antworten ja ohnehin weißt. Mach dann einfach mit deinem Referat weiter, ohne deine Klasse zu fragen, und versuche erst nach ein paar Minuten wieder, sie zum Mitmachen zu animieren. Vielleicht brauchen sie einfach nur eine kleine Aufwärmphase und sind später mit Begeisterung dabei.

Du solltest einen Plan B haben, falls es zu Problemen während des Referates kommt.

Fragen

Fragen deiner Mitschüler kannst du natürlich ganz zum Schluss beantworten, sofern diese Fragen haben. Richtig professionell ist es aber, wenn du die Fragen während deines Referates beantwortest. So wirkt es weniger wie ein Vortrag und deine Mitschüler haben die Möglichkeit, ihre Fragen dann zu stellen, wenn sie ihnen in den Sinn kommen. Du kannst also zum Beispiel nach jedem Unterpunkt fragen, ob jemand noch eine Frage hat. Aber selbstverständlich kannst du diese Frage auch erst ganz am Ende deines Referates stellen. Warte dann mindestens zehn Sekunden ab, damit deine Mitschüler auch Zeit haben, darüber nachzudenken. Wenn keiner eine Frage hat, scheint dein Referat gut gewesen zu sein und alle haben alles verstanden. Und wenn doch noch Fragen vorhanden sind, dann bist du, dank deiner ausgezeichneten Vorbereitung, in der Lage, diese zu beantworten. Wenn nicht, dann ist das auch nicht schlimm. Du kannst nicht alles wissen. Sei ehrlich und sage, dass du das nicht weißt. Wende dich dann an deinen Lehrer und frage ihn, ob er die Antwort weiß. Wenn er es nämlich auch nicht weiß, bist du schon nicht alleine damit und es wirkt sich sicher nicht negativ auf deine Note aus, wenn du etwas nicht weißt, was auch dein Lehrer nicht weiß.

Richtig gut ist es übrigens, wenn du den Schluss deines Referates erst nach den Fragen deiner Mitschüler vorträgst. Damit ist das Ende deines Referates von dir gestaltet und nicht von deinen Mitschülern oder deinem Lehrer. Du fragst also nach all deinen Unterpunkten zum Thema nach Fragen und schließt erst danach dein Referat ab. Da rechnet garantiert keiner mit, denn das machen die wenigsten Schüler.

Nach dem Referat

Dein Referat ist nicht vorbei, wenn du es gehalten hast, auch wenn für dich damit der größte Teil erledigt ist. Du solltest dein Referat unbedingt nacharbeiten und dir die Kritik, die du von deinem Lehrer und deinen Mitschülern bekommen hast, notieren. Vielleicht magst du dir auch überlegen, wie du die kritisierten Dinge an deinem Referat hättest anders machen können, um beim nächsten Referat besser vorbereitet zu sein. Es reicht aber vollkommen aus, wenn du dir nur notierst, was du hättest anders machen können, was gut ankam und was weniger gut gefallen hat.

Natürlich ist auch die Bewertung deines Lehrers wichtig. Hier solltest du jedoch nicht nur auf die Note achten, auch wenn sie es wahrscheinlich ist, die die größte Wirkung hat, sondern eben auch darauf, wie sie begründet wird. Frage deinen Lehrer darum auf jeden Fall, warum du genau diese Note bekommen hast und welche Verbesserungsvorschläge er für dein nächstes Referat hat. Nur so kannst du beim nächsten Mal mit einem noch besseren Vortrag glänzen und die Messlatte für dich selbst höher legen.

Notiere dir die Kritik deines Lehrers und deiner Mitschüler.

Es kann übrigens ausgesprochen hilfreich sein, wenn du deine Referate sammelst, sodass du zu einem späteren Zeitpunkt nachsehen kannst, was du dir in der Vergangenheit alles hast einfallen lassen. So kannst du nicht nur Abwechslung in deine Themen und Präsentationsformen bringen, sondern dir auch Anregungen von vergangenen Referaten holen. Durch die notierte Kritik kannst du außerdem sehen, was genau du in jedem Fall vermeiden solltest. Möglicherweise kannst du sogar irgendwann auf ein Referat zurückgreifen, das du schon einmal gehalten hast. Natürlich ist es nicht Sinn und Zweck, dieses Referat erneut vorzutragen, aber du kannst es neu aufarbeiten und verbessern und so vielleicht ein Thema neu präsentieren, für welches du kaum neue Recherchen anstellen musst. Dennoch solltest du ein Referat niemals mehrfach halten, da das nicht nur ausgesprochen schlecht bei deinem Lehrer und deinen Klassenkameraden ankommt, sondern auch unheimlich langweilig für dich selbst ist.

Was du nach einem gelungenen Referat in jedem Fall tun solltest, ist, dich zu belohnen. Du hast lange und intensiv daran gearbeitet und diese Arbeit letztlich präsentiert. Dafür darfst du dir auf die Schulter klopfen - auch wenn es nicht so gut lief - und dich selbst mit etwas belohnen. Was das ist, das liegt ganz bei dir.

Das war die Theorie.

Jetzt folgt die Praxis.

Kreative Referatsideen

Kreativ sein - was bedeutet das?

Ein kreatives Referat zu halten, bedeutet, dass du alles machen kannst, außer bloß vor der Klasse zu stehen und zu reden. Und zu reden. Und zu reden.

Denke dabei einfach mal an dich. Wenn jemand ein Referat hält und 15 oder 20 Minuten vor der Klasse steht, immer bloß redet und dich mit Informationen überhäuft, wie gut gefällt dir das? Was weißt du am Ende des Referates noch? Macht dein Lehrer das so? Solche Referate machen keinen Spaß und sie vermitteln auch unheimlich wenig Wissen. Sie sind einfach nur langweilig. Inhaltlich vielleicht total gut, aber das bringt wenig, wenn niemand wirklich zuhört und versteht, worum es geht. Kreativ sein bedeutet, dass du von genau diesem typischen Vortrag abweichst und etwas Neues ausprobierst.

Damit du einen kleinen Einblick bekommst, was genau das heißt, findest du in diesem Abschnitt 20 Ideen für kreative Referate, also für Referate, die mal ganz ausgefallen sind und mal bloß durch einige Kleinigkeiten vom 08/15-Vortrag abweichen.

Beruf

Für dich und deine Mitschüler ist es besonders spannend, einen Beruf vorgestellt zu bekommen. Immerhin besteht die Möglichkeit, dass der ein oder andere Schüler später selbst in diesem Beruf arbeiten wird. Für dich als Schüler ist diese Vorstellung aber nicht ganz einfach, weil du selbst ja noch gar nicht arbeitest. Ein grandioses Referat kannst du dennoch abliefern, wenn du jemanden in die Klasse einlädst, der diesen Beruf hat. Du kannst ihn dann vor deiner Klasse interviewen und am Ende deines Referates können auch deine Mitschüler noch Fragen stellen.

Damit das gut funktioniert, solltest du dich bereits im Vorfeld über den Beruf informieren und dir genau überlegen, welche Fragen du stellen möchtest. Wichtig ist, dass du die Fragen stellst, die jemand stellen würde, der noch nicht weiß, was genau sich hinter diesem Beruf verbirgt. Du weißt vermutlich mehr darüber als deine Klassenkameraden, musst aber dennoch Fragen stellen, deren Antworten du schon kennst. Das gelingt dir am besten, wenn du dich mit deinem Interviewpartner schon vorab triffst und dir von ihm alles erklären lässt, was du wissen willst. Dabei kannst du mit ihm auch gleich durchsprechen, was du vor der Klasse fragen willst.

Eine Zusammenfassung des Interviews dient dir als Handout. Dieses kannst du deinen Mitschülern aber erst nachträglich geben, da du im Voraus ja gar nicht genau wissen kannst, welche Antworten dein Interviewpartner geben wird und was deine Mitschüler fragen werden.

Wenn du die Möglichkeit hast, selbst in den Beruf hineinzuschnuppern, kannst du vielleicht auch einen kleinen Film darüber drehen und diesen während des Referates zeigen und als Handout nutzen.

Buch

Ein Buch vorzustellen bedeutet immer, eine Geschichte zu erzählen. Das solltest du unbedingt bedenken. Ob du beim Erzählen dieser Geschichte auch sagst, wie sie ausgeht oder das doch lieber für dich behältst, liegt ganz bei dir. Wichtig ist, dass du unbedingt ein oder zwei Stellen aus dem Buch vorliest. Das gehört dazu. Auch einige Informationen über den Autor musst du wiedergeben. Du kannst dich dabei zur Abwechslung als Verfasser des Buches ausgeben und alles aus der Ich-Perspektive erzählen und vorlesen. Vielleicht hast du ja sogar Glück und der Autor wohnt in deiner Nähe und kommt für dein Referat in der Schule vorbei, um deine und die Fragen deiner Klasse zu beantworten.

Je nachdem, welches Buch du vorstellst, kann es sein, dass du beim Verlag Leseproben für deine Klassenkameraden anfordern kannst. Das sind kleine Hefte, die ein oder zwei Kapitel aus dem Buch enthalten. Diese kannst du als Handout nutzen und ihnen eventuell noch einige Infos beifügen.

Epoche

Eine ganze Epoche vorzustellen ist nicht ganz einfach. Da gehören nämlich viele Themenbereiche dazu. Es ist auch nicht immer für jeden nachzuvollziehen, wie diese Epoche tatsächlich aussah. Ein gutes Hilfsmittel ist, darauf einzugehen, was in dieser Epoche anders war als heute. So  kannst du deinen Mitschülern verdeutlichen, was diese Epoche von der heutigen Zeit unterscheidet und wieso die Menschen damals so handelten, wie sie eben handelten. Das sollte jedoch nicht dein ganzes Referat darstellen. Lass deine Mitschüler am besten eine vermeintlich einfache Aufgabe lösen, ohne all die Dinge, die es heute gibt, damals aber noch nicht gab. So kannst du zum Beispiel simulieren, wie schwierig es früher war, etwas zu lesen, wenn es draußen dunkel war und noch niemand das elektrische Licht erfunden hatte. Diese Form der Veranschaulichung eignet sich besonders dann, wenn dein Referat in erster Linie auf die Situation der Menschen eingeht. Alle Eckdaten, die du erzählen willst, solltest du dann besser in einer normalen Präsentation aufzeigen.

Als kleines Extra kannst du auf dein Handout möglicherweise eine weitere Idee aufnehmen, wie deine Mitschüler auch zu Hause die frühere Situation nachstellen können.

Essen

Wenn du ein Referat über ein oder mehrere Nahrungsmittel oder Ernährungsmodelle hältst, kannst du diese in einem Kochkurs vorstellen und mit deinen Klassenkameraden gemeinsam etwas kochen. So kannst du nicht nur nebenbei alles erklären, was du zum Nahrungsmittel oder zur Ernährung sagen willst, sondern deine Mitschüler auch gleich probieren lassen. Beachte dabei, dass du natürlich selbst das Gericht bereits zubereitet hast und die Menge an die Klassengröße anpasst.

Am besten gelingt diese Form des Referates, wenn deine Klasse aufgeteilt ist, sodass deine Mitschüler in kleinen Gruppen arbeiten können.

Auf dein Handout gehört dann natürlich nicht nur alles Wichtige zu den vorgestellten Nahrungsmitteln oder Ernährungsmodellen, sondern unbedingt auch das Rezept, das ihr gemeinsam gekocht habt.

Fashion

Mode ist für dich vielleicht ein wichtiger Lebensinhalt. Wenn du ein Referat in diesem Bereich halten möchtest, kannst du zum Beispiel einige Kleidungsstücke und Accessoires mitbringen. Deine Mitschüler dürfen dann Outfits zusammenstellen und diese in einer kleinen Modenschau präsentieren.

Wenn du lieber den Herstellungsprozess eines Kleidungsstückes erklären willst, kannst du möglicherweise beim Hersteller einige Muster bekommen, die die einzelnen Herstellungsschritte erkennen lassen. Das ist spannender als Fotos von diesen Herstellungsschritten zu zeigen.

Besonders Stoffmuster eignen sich als Zugabe zum Handout. Du kannst aber auch Fotos von der Modenschau als Ergänzung nachreichen. Dadurch können sich deine Mitschüler besser an das Referat erinnern.

Formeln beweisen

In den naturwissenschaftlichen Fächern ist das Beweisen von Formeln ein gern gesehenes Referatsthema. Sonderlich kreativ kannst du das zwar nicht machen, du solltest jedoch beachten, dass Formeln grundsätzlich mit Variablen bewiesen werden und nicht mit beispielhaften Zahlen. Das bedeutet für dein Referat aber nicht, dass du nicht zusätzlich zum Beweis auch ein realistisches Beispiel zeigen darfst, das deinen Mitschülern beim Verstehen hilft. Skizzen und Zeichnungen können ebenfalls helfen und wenn du deine Mitschüler in dein Referat einbeziehst, fällt es ihnen noch leichter, dir zu folgen.

Deine Klassenkameraden sollten in jedem Fall mitschreiben was Du erklärst, sodass sie ihr Handout selbst anfertigen.

Geschichtliches Ereignis

Geschichtliche Ereignisse sind immer spannend, können aber furchtbar langweilig sein, wenn du nur erzählst. Da es sich dabei immer um Vergangenes handelt, ist es oft nicht leicht zu verstehen, wie es überhaupt dazu kam. Du kannst deiner Klasse aber helfen, indem du sie in zwei oder mehr Gruppen aufteilst, die alle einen anderen Standpunkt vertreten. Jeder arbeitet dann für sich und mit deiner Hilfe alles Wichtige heraus und kann so besser nachvollziehen, warum sich die einzelnen Beteiligten damals für diese eine Lösung entschieden haben. Du kannst deinen Klassenkameraden dabei zunächst erzählen, was passiert ist, als alle Beteiligten aufeinandertrafen. Anschließend sollen sie sich selbst überlegen, was man vielleicht hätte besser machen können, wo das Problem überhaupt lag und wozu es außerdem noch hätte kommen können.

Als Handout bietet sich hier ein Protokoll der Stunde an, welches du aber erst in den Tagen nach deinem Referat aushändigen kannst. Hier erzählst du den Hergang der Stunde, hältst fest, welche Ideen deine Mitschüler hatten und wie die Personen früher gehandelt haben.

Krankheiten und Organe

Im Biologieunterricht kannst du super Referate halten. Schulen haben nämlich Modelle von allem Möglichen. Willst du zum Beispiel eine Krankheit näher erklären oder die Funktionsweise eines bestimmten Organs vorstellen, kannst du auf diese Modelle zurückgreifen. Deine Mitschüler sehen so, wie der Körper aussieht, wie er aufgebaut ist, und können Abläufe und Funktionsweisen viel besser nachvollziehen. Dadurch kannst du ein ganz normales Referat halten, bei welchem du tolles Anschauungsmaterial hast. Du solltest dich aber im Vorfeld mit den Modellen vertraut machen, damit du weißt, wie sie funktionieren, und du dein Referat darauf abstimmen kannst.

Dein Handout kannst du in Form einer Packungsbeilage gestalten, die alle wichtigen Informationen zur Krankheit enthält. Stellst du die Funktionsweise eines Organs vor, kann eine Bildergeschichte deinen Mitschülern dabei helfen, den Ablauf zu verstehen.

Kultur

Eine andere Kultur vorzustellen ist einfach, wenn du das Augenmerk auf die Unterschiede legst. Weil diese häufig nicht für jeden nachvollziehbar sind, bietet es sich an, dass du die Bräuche und Eigenschaften der Kultur zeigst und deinen Mitschülern ermöglichst, sie selbst zu erfahren. Dein Referat ist also interaktiv und du lässt alle daran teilhaben, während du die Hintergründe und Regeln der anderen Kultur erklärst.

Dein Handout kann ganz klassisch aus einer Aufzählung der Schwerpunkte bestehen. Ergänzend hast du vielleicht etwas, das du als Erinnerung beifügen kannst. Eventuell gibt es einen speziellen Glücksbringer, der eine große Rolle in der vorgestellten Kultur spielt, oder eine Person, die für sie besonders prägend war. Ein Bild davon reicht bereits aus, vielleicht kannst du aber auch tatsächlich kleine Geschenke für deine Mitschüler besorgen. Viel kosten sollte dich das jedoch nicht.

Kunst

Auch im Kunstunterricht kannst du Referate halten. In den verschiedenen Epochen haben sich ganz verschiedene Maltechniken entwickelt. Stell deinen Klassenkameraden doch eine davon vor, indem du ihnen zunächst einige bekannte oder unbekannte Bilder zeigst, ihnen erklärst, worauf sie beim Malen achten müssen, und dann jeden Schüler selbst ein Bild mit der vorgestellten Maltechnik malen lässt. So kann jeder sehen, wie einfach oder schwierig es ist, ein derartiges Bild zu erschaffen.

Wenn du es schaffst, ein Bild mit der vorgestellten Maltechnik zu malen und darauf alle Informationen unterzubringen, kann das ein ausgezeichnetes Handout sein. Du kannst dabei natürlich auf das ein oder andere Bildbearbeitungsprogramm zurückgreifen.

Land

Wenn du ein ganzes Land als Referatsthema hast, gibt es etliches, was du unterbringen musst. Einige Fakten wie zum Beispiel die Einwohnerzahl, das Klima und die Größe, dann natürlich die Kultur und diverse Sehenswürdigkeiten. Im Grunde sind das aber alles Dinge, über die man sich als Urlauber dort auch informiert. Du kannst dein Referat darum in Form einer Urlaubsplanung gestalten, indem du eine Rundreise durch das Land mit deiner Klasse planst und an verschiedenen Stationen Halt machst, an welchen du dann genauer auf die Details des Landes eingehst.

Als Handout kannst du eine Packliste erstellen, die neben dem, was man dorthin mitnehmen sollte, auch die wichtigsten Fakten enthält.

Mathe

Willst du im Matheunterricht ein Referat halten, dann ist dies meist ein mathematisches Thema, das du erklären sollst. Derartige Referate unterscheiden sich von anderen, weil du deine Mitschüler mehr einbeziehen musst. Damit dir das leichter fällt, bietet es sich immer an, ein Alltagsbeispiel zu nehmen. Die meisten Themen, denen du im Matheunterricht begegnest, kommen tatsächlich im Alltag vor. Wenn du deinen Mitschülern erklären kannst, wofür sie das, was du vorstellst, brauchen können, fällt es ihnen viel leichter, deine Erklärungen zu verstehen und mitzu-machen. Du kannst also dein Referat damit beginnen, dass du erklärst, wofür man dein Thema brauchen kann, dann erklärst, wie es funktioniert, und anschließend gemeinsam mit deinen Klassenkameraden einige Aufgaben löst.

Das Handout sollten deine Mitschüler anhand der Aufgaben, die du ihnen gestellt hast, selbst erstellen. Du kannst sie dazu beispielsweise etwas von der Tafel ab-schreiben lassen, was du ihnen ohnehin erklärt hast und woran sie vielleicht sogar mitgearbeitet haben. Wenn du dir hier un-sicher bist, frag vor deinem Referat am bes-ten deinen Lehrer. Er kann dir genau sagen, worauf du bei einem Tafelbild achten musst.

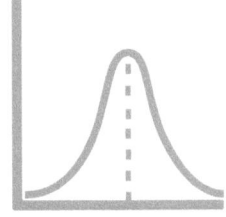

Musiker und Bands

Da Musik bei fast allen Schülern ein beliebtes Thema ist, kannst du nicht nur im Musikunterricht über eine Band oder einen Künstler referieren. Dazu gehört natürlich auch, dass du das ein oder andere Lied vorspielst. Am besten nimmst du eines, das sehr bekannt ist, um den Ein-stieg in das Referat zu erleichtern. Hast du instrumentale Versionen einzelner Lieder, kannst du diese leise im Hin-tergrund laufen lassen, während du dein Referat hältst. Wenn du Fan des Künstlers bist, solltest du auf keinen Fall vergessen, dass deine Mitschüler möglicherweise nicht viel über ihn wissen. Erzähle darum auch die ganz normalen

Dinge, die dir längst bekannt sind. So kannst du zum Beispiel einzelne Stationen im Leben des Künstlers oder der aktiven Zeit der Band durch ein Lied betonen, welches zu dieser Zeit entstanden ist. Auf diese Weise bleibt die Chronologie für dich und deine Mitschüler klar ersichtlich.

Als Handout kannst du Autogrammkarten beim Management besorgen oder selbst welche erstellen, die du dann mit den wichtigsten Daten aus deinem Referat versiehst.

Person

Das Leben und Werken einer Person vorzustellen, kann schnell sehr langweilig werden, da du vermutlich zu Beginn zunächst die wichtigsten Daten wie das Geburtsdatum und die ersten Lebensjahre wiedergibst. Das Ganze wirkt aber gleich viel interessanter, wenn du in die Rolle dieser Person schlüpfst und dein Referat aus der Ich-Perspektive erzählst. Verkleide dich dazu am besten auch, sodass du der Person ähnlicher bist. Dadurch kannst du viel besser auf die Emotionen eingehen und selbst die langweiligen Inhalte wirken spannender, weil sie ja scheinbar von der Person selbst erzählt werden.

Das Handout kannst du dann der Hauptaufgabe der Person anpassen. Stellst du einen Musiker vor, kannst du beispielsweise die wichtigsten Daten auf Notenpapier schreiben. Bei einem Politiker erstellst du vielleicht einen kleinen Flyer. Du kannst alle wichtigen Daten auch in Form eines tabellarischen Lebenslaufs aufschreiben und ein Foto der Person hinzufügen.

Sklaverei

Lass eine kleine Gruppe deiner Mitschüler in die Rolle einiger Sklaven schlüpfen, welche einer anderen Gruppe von Mitschülern gehorchen müssen. Hier kannst du dann verschiedene Modelle in unterschiedlichen Epochen und Ländern demonstrieren und natürlich auch unterschiedliche Behandlungen der Sklaven aufzeigen. Lass dabei innerhalb deines Referates immer wieder Platz für passende Demonstrationen durch deine Mitschüler. Du kannst auf diese Weise auch bei den Schülern nachfragen, wie sie ihre Rolle empfunden haben. Pass aber auf, dass dabei nicht zu viel Unruhe entsteht. Die Rollenspiele sollten darum nicht zu häufig vorkommen. Vielleicht bieten sie sich zu Beginn deines Referates besonders an, um deinen Mitschülern den Einstieg in das Thema zu erleichtern.

Als Handout kannst du zum Beispiel einige Zeichnungen anfertigen, welche die verschiedenen Modelle der Sklavenhaltung zeigen.

Soziale Medien

Soziale Medien sind aus dem Alltag der meisten Schüler nicht mehr wegzudenken und doch ist das ein recht schwieriges Referatsthema. Da weiß man nämlich nicht so genau, was man dazu sagen soll. Du könntest im Vorfeld zum Beispiel eine Umfrage in deiner Klasse zu diesem Thema starten. Das solltest du spätestens eine Woche vor deinem Referat machen, damit du genügend Zeit zur Auswertung hast. Diese Umfrage kannst du dann in dein Referat einbauen und so zum Beispiel direkt auf die Nutzung sozialer Medien deiner Klassenkameraden eingehen. Dein Referat selbst kannst du optisch in Form von Einträgen auf einer Plattform darstellen. Jede Einblendung erfolgt dann in Form eines Posts. Diese Darstellungsform kannst du auch im Handout verwenden.

Sport

Es gibt viele Sportarten, die bei uns nicht ganz so bekannt sind. Eine davon vorzustellen kann für neuen Spaß im Sportunterricht sorgen. Wenn du aber nur davon erzählst, können sich deine Mitschüler schwer etwas darunter vorstellen. Zeig ihnen darum am besten, wie die Sportart funktioniert. Predige ihnen die Regeln nicht, sondern erkläre sie, während alle gemeinsam spielen. Mach dich aber darauf gefasst, dass nicht alle die Regeln gleich verstehen oder gar befolgen können. Du kannst darum anhand einiger Übungen nach und nach die Regeln erklären und deinen Klassenkameraden ein Gefühl für die Sportart und das, was sie dafür können müssen, vermitteln.

Als Handout kannst du zum Beispiel das Spielfeld auf einem Blatt Papier abbilden und darauf alle wichtigen Informationen zur Sportart zur Verfügung stellen. Dazu gehört auch eine Adresse, wo Interessierte dieser Sportart nachgehen können.

Stadt

Eine Stadt kannst du ganz wunderbar vorstellen, indem du in die Rolle eines Reiseführers schlüpfst. Wenn du die Stadt vorstellst, in der du zur Schule gehst, kannst du das vielleicht sogar draußen machen und deinen Klassenkameraden eine Stadtführung bieten. Wenn es eine andere Stadt ist, kannst du das Klassenzimmer zu einem imaginären Bus umbauen. Du schiebst die Tische zur Seite und ordnest die Stühle wie in einem Bus an. Ganz vorne stehst du und erzählst als Reiseführer, wie ihr in diesem imaginären Bus durch die Stadt fahrt. Wenn dir ein oder zwei Klassenkameraden helfen, kannst du links und rechts auch verschiedene Plakate aufhängen, die dann die entsprechende Stadtansicht oder Sehenswürdigkeit zeigen, an welcher ihr mit dem „Bus" vorbeifahrt.

Ein Stadtplan mit den wichtigsten Daten zur Stadt und den Sehenswürdigkeiten macht sich super als Handout. Du kannst aber auch einen Flyer für Touristen erstellen.

Tier

Im Normalfall sind Tiere an Schulen nur in Ausnahmefällen erlaubt. Referate gehören zu diesen Ausnahmen. Willst du ein Referat über ein Tier halten und kannst dieses mitbringen, kümmere dich rechtzeitig um eine Erlaubnis und bringe dann das Tier mit. Du wärst nicht der erste Schüler, der mit dem Pferd zur Schule kommt. Du solltest aber dabei unbedingt Rücksicht auf das Tier nehmen, denn nicht jedes Tier eignet sich für eine Konfrontation mit so vielen Schülern. Beachte auch, dass manche deiner Mitschüler vielleicht Angst haben oder allergisch sind. Frage darum lieber im Voraus, ob du das Tier tatsächlich mitbringen kannst, und kümmere dich natürlich auch darum, wie es nach deinem Referat wieder nach Hause kommt.

Dein Referat über das Tier kannst du durch entsprechende Vorführungen ergänzen. Statt das Skelett eines Hundes zu zeigen, zeigst du dann eben auf die einzelnen Körperteile. So kannst du gegebenenfalls auf andere visuelle Hilfsmittel wie Plakate oder Folien verzichten.

Dein Handout kannst du zum Beispiel in der Form des Tieres ausschneiden, statt es auf einem normalen Blatt Papier auszuteilen.

Umweltschutz

Umweltschutz ist besonders wichtig, um ein funktionierendes Ökosystem aufrechtzuerhalten. Viele Menschen nervt dieses Thema jedoch, weil es ständig angesprochen wird. Wenn du dazu ein Referat halten willst, ist es am effektivsten, wenn du mit deiner Klasse aktiven Umweltschutz betreibst. Das ist auch gar nicht schwer. Ihr könnt zum Beispiel den Müll vom Schulhof räumen. Dadurch wird nicht nur der Schulhof sauber, sondern alle können selbst erfahren, wie viel Müll dort liegt und wie einfach es ist, das zu verhindern. Es muss nur jeder seinen Müll in den Mülleimer werfen.

Du kannst aber vielleicht auch gemeinsam mit deinen Mitschülern Nistkästen oder Insektenhotels bauen und dabei erklären, warum Vögel und Insekten so wichtig für die Natur sind und darum Umweltschutz nicht vernachlässigt werden darf. Die kleinen Bauwerke könnt ihr möglicherweise auf dem Schulgelände anbringen oder als Handout mit nach Hause nehmen und dort aufhängen oder hinstellen. Damit setzt sich deine Klasse gleich aktiv für die Umwelt ein und weiß durch dein Referat auch, warum das so wichtig ist.

Checkliste für dein Referat

Erste Schritte

☐ Ich habe mir einen ersten groben Überblick über das Thema verschafft.

☐ Ich bin mit meinem Thema zufrieden.

☐ Mein Lehrer ist mit meinem Thema zufrieden.

☐ Ich habe mich genauer über das Thema informiert.

☐ Ich habe einen guten Überblick darüber, welche Unterthemen ich in meinem Referat unterbringen muss.

☐ Ich habe mindestens drei verschiedene Quellen zu jedem Unterthema genutzt.

☐ Informationen, die mir nichts genützt haben, habe ich aussortiert.

☐ Ich habe mein Thema vollständig verstanden und kann es anderen gut erklären.

☐ Meine Gliederung ist logisch und mein Lehrer ist damit zufrieden.

☐ Ich habe alle meine Quellen aufgelistet und nach Art sortiert.

Gestaltung des Referates

☐ Ich habe eine grobe Vorstellung davon, wie mein Referat aussehen soll.

☐ Ich habe mein gesamtes Referat aufgeschrieben.

☐ Um die Neugierde meiner Mitschüler zu wecken, habe ich die Einleitung und den Schluss meines Referates besonders interessant gestaltet.

☐ Alle Vorgaben meines Lehrers habe ich eingehalten.

☐ (Mein Lehrer ist damit einverstanden, dass ich ein besonders kreatives Referat halte.)

☐ (Mein Lehrer ist damit einverstanden, dass ich neue Vokabeln an die Tafel schreibe oder auf Deutsch erkläre.)

☐ Mein Anschauungsmaterial ist gut verständlich.

☐ Ich habe darauf geachtet, dass jeder mein Anschauungsmaterial gut erkennen kann.

☐ Ich kann mein Referat notfalls auch ohne mein Anschauungsmaterial halten.

☐ Mein Zusatzmaterial habe ich kopiert/vervielfältigt und kann dies an meine Mitschüler und meinen Lehrer verteilen.

☐ Meine Quellen habe ich sortiert und kann sie meinem Lehrer und meinen Mitschülern vorlegen.

☐ Meine Spickzettel sind groß und übersichtlich und ich kann gut mit ihnen umgehen.

☐ (Meine Vortragspartner sind genauso gut vorbereitet wie ich.)

☐ Ich habe mich darüber erkundigt, ob alle Hilfsmittel, die ich für mein Referat benötige, am Tag X verfügbar sind und diese reserviert.

☐ Mein Referat habe ich mehrfach geprobt und fühle mich sicher beim Vortragen.

☐ Eine Generalprobe habe ich vor Publikum/einer Kamera durchgeführt.

Der Tag X

☐ Mein Ziel ist es, heute ein tolles Referat zu präsentieren.

☐ Ich habe alle meine Materialien eingepackt.

☐ Mein Frühstück habe ich nicht vergessen.

☐ Ich weiß, was ich gegen mein Lampenfieber tun kann, wenn es mir zu viel wird.

☐ Mir ist klar, wie ich selbstbewusst vor meine Klasse treten kann.

☐ Wenn es während meines Referates zu Problemen kommen sollte, bin ich darauf vorbereitet und weiß, wie ich sie lösen kann.

☐ Ich werde die Kritik meines Lehrers und meiner Mitschüler ernst nehmen und sie mir notieren.

Referatsthemen

Hier findest du die erwähnten und fett markierten Referatsthemen sowie die kreativen Referatsideen noch mal nach Fächern sortiert. Du wirst merken, dass einige Themen in mehreren Fächern genutzt werden können.

Biologie

▶ Asperger-Syndrom
▶ Autismus
▶ Ernährung / Essen
▶ Hundeerziehung
▶ Krankheiten und Organe
▶ Optische Illusionen
▶ Tiere (Pinguine, Pferde, Dinosaurier)
▶ Umweltschutz

Deutsch

▶ Buch
▶ Epoche
▶ Person

Erdkunde

▶ Auswirkungen des Tsunamis in Japan 2011 auf die dortigen Einwohner
▶ Ernährung / Essen
▶ Kakao
▶ Kultur (Russland)
▶ Land
▶ Musiker und Bands
▶ Person (Roald Amundsen, Robert Scott,)
▶ Sklaverei
▶ Stadt
▶ Umweltschutz
▶ Windenergie
▶ Wüsten

Fremdsprache

- Ernährung / Essen
- Kultur (Russland)
- Land
- Musiker und Bands
- Person (Napoleon Bonaparte)
- Sportart
- Soziale Medien
- Stadt
- Tiere (Pinguine, Pferde, Dinosaurier)

Gemeinschaftskunde

- Auswirkungen des Tsunamis in Japan 2011 auf die dortigen Einwohner
- Beruf
- Drogen
- Fashion
- Kultur (Russland)
- Musiker und Bands
- Sklaverei
- Soziale Medien

Geschichte/Politik

- Auswirkungen des Tsunamis in Japan 2011 auf die dortigen Einwohner
- Bundeskanzler
- Bundespräsident
- Epoche
- politisches / geschichtliches Ereignis
- Person (Napoleon Bonaparte)
- Reichstag
- Sklaverei

Informatik

- Soziale Medien
- Videospiele - früher vs. heute

Kunst/Musik

- Epoche
- Ereignis oder Person zwischen 1850 und 1900
- Fashion
- Kunst
- Musiker und Bands
- Person (Johann Sebastian Bach)

Mathe

- Formeln beweisen

Physik

- Formeln beweisen

Religion/Ethik

- Fashion
- Hundeerziehung
- Kultur (Russland)
- Religionen
- Sklaverei
- Soziale Medien

Sport

- Sportart

Suchmaschinen

www.benefind.de

www.blindekuh.de

www.deusu.de

www.duckduckgo.com

www.ecosia.org

www.fireball.de

www.fragfinn.de

www.goodsearch.com

www.google.de

www.helleskoepfchen.de

www.ixquick.com

www.lycos.de

www.qwant.com

www.wolframalpha.com

www.yahoo.de

Präsentationsprogramme

www.apple.com/de/keynote

www.emaze.com

www.haikudeck.com

http://de.libreoffice.org

http://products.office.com/de-de/powerpoint

www.powtoon.com/home

www.prezi.com

www.zoho.eu/docs/show.html

Weitere Hilfestellungen

Bücher

Besold, Günther: „Lernplus - Die Lernhilfe fürs Gymnasium: Referate und Präsentationen", Schroedel Verlag GmbH, ISBN: 978-3507231740

Engst, Judith: „Duden Einfach klasse in Präsentationen und Referate: ab der 7. Klasse", Bibliographisches Institut, Berlin, ISBN: 978-3411740215

Langer, Nicole: „Referate und Vorträge halten: Gezielt vorbereiten und überzeugend präsentieren. Die erfolgreichsten Methoden, Tipps und Strategien (Schneller und Leichter lernen)", Compact, ISBN: 978-3817472826

Internet

http://freie-referate.de
http://praesentationstipps.de
www.referate.de
www.referate-hausaufgaben.de
www.wenigerstress.de

Fantastische Vorträge und Präsentationen

Andraka, Jack: „A promising test for pancreatic cancer …
from a teenager", TED2013, http://www.ted.com/talks/
jack_andraka_a_promising_test_for_pancreatic_can-
cer_from_a_teenager
Vortrag mit deutschen Untertiteln

Zomorodi, Manoush: „Wie Langeweile zu den hervorra-
gendsten Ideen führen kann", TED2017, http://www.ted.-
com/talks/manoush_zomorodi_how_boredom_can_lea-
d_to_your_most_brilliant_ideas?language=de
Vortrag mit deutschen Untertiteln

Desjardins, Jesse: „You suck at PowerPoint!", November
2010, [ENGLISCH], http://www.slideshare.net/jessedee/
you-suck-at-powerpoint
Englische Präsentation

Prezi auf Deutsch: „Kurz vor der Präsentation", Oktober
2015, http://prezi.com/qdcux2o4o89x/?
utm_campaign=share&utm_medium=copy&rc=ex0share
Deutsche Präsentation

SmartWeb: „SmartWeb Mobilfunk Report Q3 2013", Mai
2013, http://www.youtube.com/watch?
time_continue=19&v=OFIeeIIF94g
Deutsche Videopräsentation

school´s´easy

findest du auch online

www.schoolseasy.de

www.youtube.com/schoolseasy

www.facebook.com/schoolseasy

http://discord.gg/Dk9SKp5